Alejandro Rodríguez Rodríguez

Educar en la nueva normalidad

Colección de Escritos

EDUCAR EN LA NUEVA NORMALIDAD

Educar en la nueva normalidad

Colección de Escritos

Alejandro Rodríguez Rodríguez

EDUCAR EN LA NUEVA NORMALIDAD

ISBN: 978-1-7354283-1-4

Front cover by Alejandro Rodriguez.
Book design by Alejandro Rodriguez.

Visit the author´s website at https://www.liderazgo-preventivo.org

First edition 2020.

Institute of Salesian Studies
1831 Arch St.
Berkeley, CA, 94709

www. liderazgo-preventivo.org

INTRODUCCIÓN

El cambio es situacional, la transición es personal. La orientación interna y la redefinición que se tiene que afrontar a través de los cambios en orden a incorporarlos a tu vida, es transición. Sin transición, el cambio es considerado accidental y accesorio. Me parece que la pandemia, en cuestiones educativas, nos ha llevado a un momento liminal: o solo cambio en los modos de hacer escuela, o una transición a algo que no se logra aún definir pero que ha provocado ya un replanteamiento de la especie humana, de los modos de convivencia y producción, en las maneras de vivir y sobrevivir.

Encuadre

Podemos iniciar la reflexión considerando lo que pudieran ser parámetros de normalidad en los que la escuela en México se desenvolvía.

Tiempos. Educativamente hablando los tiempos de la escuela eran estables. Sabíamos cuando iniciaba un ciclo escolar y cuando debía terminar, los calendarios escolares, aunque con cierta flexibilidad en el número de semanas por ciclo, eran estables y determinados y también en ocasiones impuestos -sobre todo en zonas rurales o de alto nivel de marginalidad-. Los horarios escolares establecidos (matutino, vespertino, duirno, extendido, sabatino, etc.).

Los roles que las personas en el ámbito educativo desarrollábamos estaban determinados de alguna manera. Me refiero que el rol del docente estaba definido por ser docente frente a grupo, por asignatura, etc. El rol del estudiante; el rol del adulto respecto al menor y del menor respecto al adulto en cuestiones educativas; el rol del ciudadano y el rol de los diferentes actores sociales en esta dinámica donde la sociedad parecía que se desarrollaba en la normalidad.

Los espacios escolares. Teníamos el aula escolar, el laboratorio, el espacio de recreo y de convivencia, de deporte o de socialización (cafetería, librería, etc.). En el espacio privado estaban el hogar y los lugares de socialización y convivencia decididos independientes a los escolares formales (Salas de cine, Malls, Tiendas de autoservicio).

Dinámicas de seguridad, autonomía y libertad que se nos daba como ciudadanos, como profesores, como docentes, como alumnos, como de adultos. Había una cierta dinámica de normalidad en el uso de las redes por los estudiantes: eran utilizadas principalmente como redes sociales de contacto y entretenimiento, de obtención de información, entretenimiento y uso de aplicaciones, intercambio de información en todos los niveles y entre actores.

Libros de texto. Previo a la situación de pandemia, los libros de texto eran apoyo y complemento para las clases y referente para las tareas o estudio personal el momento fuera del aula. Aunado a ello se algunos dispositivos educativos (libreta, computadora, teléfono, tablet, laboratorio), eran apoyos y herramientas didácticas, para lograr el aprendizaje pretendido.

Pero con la presencia del COVID-19, nos dimos cuenta:

1. Los tiempos los determina el virus en su proceso propio. Hemos vivido la primer etapa de aparición de la pandemia y no tener claro la gravedad del mismo; en su momento de mayor dispersión en los meses previos vinieron momentos de cuarentena, sana distancia, limitación en el número de personas

reunidas y uso de cubrebocas; en lo que está por venir entre vacunas, nuevas olas de infección, protocolos sanitarios, filtros y restricciones de ingreso a lugares, países o grupos, etc.

Se ha vivido una mezcla de tiempos políticos con los tiempos sanitarios. Me refiero los tiempos políticos donde en cada país los ritmos de apertura de espacios comunes, difieren los tiempos sanitarios donde el virus va marcando otra normativa y otra dinámica.

2. En cuanto al rol de las personas nos dimos cuenta en las primeras semanas de marzo, y después en los meses posteriores al inicio del confinamiento, que en educación básica -principalmente- el adulto en casa asumía el rol del docente frente al estudiante. Mientras que los maestros afrontaron el reto de llevar a cabo, improvisando en las primeras semanas, con más voluntad que manejo apropiado de las plataformas y recursos en línea; de tal manera que supliera la experiencia de aprendizaje formal en aula por la pantalla y la realidad virtual sincrónica o asincrónica.

3. El estudiante comienza a tener la experiencia de un aprendizaje, donde la pantalla se vuelve la ventana de contacto con la educación formal, el modo de socialización con los compañeros, y la experiencia supletoria de un aula tradicional. Ahora la escuela quiere estar presente en casa con toda la dinámica propia de un centro escolar. En cuanto a los espacios resulta un dato bastante interesante que la casa, al volverse espacio de educación formal se piensa en contenidos y objetivos de aprendizaje,

7

pero se olvidan los temas de educación artística, los deportes y las actividades al aire libre. Esto es interesante porque, por un lado la experiencia educativa a través de los medios se hace conexión directa con el contexto propio del estudiante ahí donde él vive y se puede conectar, tenemos el hecho educativo; por el otro, la creatividad y el trabajo colaborativo de muchos adultos en casa y docentes, suple la inoperancia de un sistema escolar que no puede y no tiene modo de afrontar el confinamiento apropiadamente.

4. La comprobación de que no es una plataforma la solución a un aprendizaje significativo, es una herramienta considerada clave últimamente y que el docente, con intencionalidad educativa, la utiliza para aquello que debería ser experto: el aprendizaje como experiencia integral. La capacitación para el uso de una plataforma, es un aspecto de los varios que deben considerarse para que el docente sea educativamente relevante y significativo.

5. La vinculación directa de la familia con la escuela se ha mostrado con más nitidez: la familia es el núcleo que debería iniciar, continuar y consolidar el aprendizaje para la vida y la escuela coadyuvar en el proceso educativo iniciado en el núcleo familiar en tema de valores y actitudes. Un trabajo colaborativo entre los miembros de una comunidad educativa que se ocupa de un aprendizaje integral, contextualizado, significativo y pertinente.

En perspectiva educativa, el confinamiento y el distanciamiento han provocado que las redes sociales se

8

conviertan en la palestra donde el aprendizaje se lleva a cabo. Con un aprendizaje inmediato, globalizado, directo, actual, instantáneo uno de los grandes retos es tener en plataforma al docente abocado a su labor con a la intencionalidad educativa cuya finalidad clara es el ciudadano que quiere formar, y junto a ello todas las herramientas ya presentes en la Red que pueden utilizarse para el logro de un aprendizaje con el adjetivo que queramos darle (significativo, profundo, clave, nuclear, etc.).

El primer punto que me parece que no le queda claro a la dinámica misma de la educación formal es que el acceso en tiempo real a Internet, ni lo ni lo tienen todos nuestros alumnos ni suele ser de la calidad suficiente como para poder garantizar una conectividad real, de calidad, y con posibilidad de llevar a cabo una sesión sincrónica de aprendizaje y, en ocasiones, ni siquiera asincrónica.

El segundo punto considerares es que los equipos disponibles en las casas de nuestros estudiantes supusimos, que todos podían acceder con un dispositivo propio de manera inmediata y sin ninguna restricción. Nos dimos cuenta que no todas las casas tienen un dispositivo para cada miembro de la familia, no todos los dispositivos están conectados a internet, y no todos los dispositivos podían ser utilizados de manera personal. Nos dimos cuenta con eso entonces que había hogares donde el instrumento -dígase tablet, computadora, laptop, o teléfono- tenía que ser compartido y, peor aún, cuando había una traslape entre el momento de trabajo y conectividad del adulto en casa o de algún otro estudiante con el alumno implicado, el uso se volvía imposible.

Un tercer elemento importante a considerar es la cuestión de los espacios. Llevar la escuela a la casa y utilizar una ventana virtual para estar en tiempo real interactuando con nuestros estudiantes no llevo una situación interesante y delicada. Interesante porque entramos al espacio privado donde conviven nuestros estudiantes, nos llevó a momentos de dinámica familiar donde estaban involucrados los estudiantes con los adultos en casa, y también nos permitió de alguna manera vivir espacios enriqueciendo la experiencia de aprendizaje propio de alguien que lo ha hecho, en los últimos meses, en ambientes no regulados por una educación formal. El aspecto de riesgo que consigo trajo esta presencia de la escuela en casa fue cuando no había la supervisión del adulto en casa, pues sin un claro protocolo, la presencia de un docente adulto interactuando con menores en la Red. Ha resultado interesante que en la práctica cuando se necesitan espacios de Mentoring, de coaching, algunas instituciones que lo han podido afrontar, se invitó a un segundo adulto independiente a estar presente involucrado para evitar cualquier discrecionalidad en la aplicación de código se éticos que garanticen el cuidado y atención integral del menor.

El cuarto elemento es que no todos los estudiantes poseen ámbitos organizacionales para lo que ellos consideraban el tiempo no escolar, que se ha vuelto escolar. Además, no todo adulto en casa acompaña al menor en la experiencia de aprendizaje con la motivación e intencionalidad necesarias. Se ha tenido claro que los tiempos, estrategias pedagógicas, herramientas didácticas, para ayudar al menor a autorregularse -organizarse- han cambiado y nos encontramos que el discurso de las competencias para la vida que se creían formadas en los ambientes de escuela, resultaron frágiles, y en ocasiones inexistentes, cuando se debieron desenvolver en espacios de vida ordinaria. Los adultos en casa, en similar situación que los estudiantes, se encontraron con una dinámica para la cual no estaban preparados muchos de ellos y ellas. El tipo de familia, el trabajo en casa de los adultos tutores y/o la exigencia de involucrarse en el homeworking dio como resultado que hubo adultos quienes querían pero no sabían, otros que quizás sabían pero no podían, algunos más quienes ni sabían, ni querían o no podían, y otros más que sabiendo y queriendo se vieron limitados porque ante conocimientos sin dominio de tema -lengua extranjera, matemáticas, lectoescritura- no encontraban las herramientas para apoyar el proceso de aprendizaje.

Un elemento más son las personas nos encontramos con esta dinámica profesores que sufren la angustia de tener que aprender sobre la marcha el uso de una plataforma y además con intencionalidad educativa. Incertidumbre, desmotivación, angustia por las urgencias de adaptación y creatividad que consigo trae una realidad que era ajena a los docentes en general. Junto a ellos tenemos a las personas, adultos en casa, que sabiendo que es importante el hecho educativo no encontraron -porque no las hay, o porque no eran el centro de atención de la escuela- tener las herramientas de soporte psicosocial o emocional o competencias para la vida para facilitar este momento en línea para que en casa los chicos y chicas pudiesen tener mejores espacios de aprendizaje. Algunos adultos se limitaron a ser espectadores del hecho educativo sincrónico y asincrónico en el mejor de los casos; otros se involucraron al inicio pero fue muy desgastante, ya que después de unas semanas muchos docentes, en su afán de tener evidencias de los avances programáticos, vertieron en el adulto en casa, la responsabilidad del avance del curso. Se valora el espacio escolar, el docente frente a grupo y los horarios "normales" de escuela. La experiencia en línea no ha logrado convencer sobre todo en niveles educativos de básica. Pero al no tenerse otra alternativa se ha soportado sin estar de acuerdo; en la escuela privada, se comienza a exigir un producto que, por la dinámica sanitaria en muchos países, es casi imposible de brindar: presencia en el aula, con horarios establecidos y con docente enseñando.

Resulta interesante que el empeño por vincular a la vida del alumno lo que se supone se enseña en la escuela, ha resultado en general, poco eficiente. Muchos estudiantes han presentado dificultad en el manejo de emociones y de sentimientos; hay pobreza del capital psicosocial -optimismo, esperanza, resiliencia, autoeficacia-; no hay estrategias para la resolución de conflictos en la dinámica del hogar, se dificulta el diálogo intergeneracional, no hay trabajo colaborativo real, tampoco se tiene una comunicación asertiva ejercitada.

Las softskills parece que requieren mayor asimilación, internalización y auto-apropiación tanto por el docente como por el alumno al igual que el capital psicosocial (optimismo, resiliencia, esperanza y auto-eficiencia) en un contexto latinoamericano donde el tejido social se muestra frágil. Urge una dinámica intencionadamente educativa no basta la buena voluntad. Urgen más maestros motivados a enseñar, se requieren más estudiantes que sean motivados a aprender, se necesitan ambientes intencionadamente educativos y más actores vinculados al hecho educativo que quieran, puedan, sepan y empleen las estrategias pedagógicas y didácticas para hacerlo al ritmo y con la intensidad y profundidad que estos momentos de vulnerabilidad, incertidumbre, complejidad y ambigüedad exigen.

En un contexto diverso, el docente que logra adaptarse es porque logra innovar. Innovación es lograr armonizar lo que es contradictorio, aplicar una pedagogía creativa, ser expertise en su área de conocimiento con solidez y fortaleciendo la sensibilidad por el ser humano.

Frente a la incertidumbre y la angustia por lo volátil y lo incierto del contexto social, económico, político: una comunidad educativa que se preocupe por el aprendizaje en lo posible puesto que nos hemos dado cuenta de que todos necesitamos de todos. La necesidad ha llevado a entender y buscar las comunidades de aprendizaje pues nos hemos dado cuenta que necesitamos unos de los otros. No sabemos todo, no lo podemos todo, y no tenemos todas las herramientas a la mano. De ahí que la comunidad de aprendizaje donde todos aportan algo puesto que todos tienen un cierto nivel de expertise hace que sean viables, necesarias, y una provocación a los sistemas educativos que han sido más sensibles a una situación unidireccional en la dinámica de aprendizaje -solo el adulto educa, solo la escuela enseña, solo el plan oficial garantiza-. El siguiente es aspecto es aprender desde lo diverso considerando a las nuevas generaciones y sus aportes al mundo educativo: *Gamers, youtubers, tiktokers*. Experiencias como las MOOC's, *Master clases* o experiencias híbridas de aprendizaje permiten hablar de una presencia relevante con una pedagogía pertinente al contexto que se ha modificado.

Una nueva normalidad modifica los modos de convivir con nuestra vulnerabilidad, necesitaremos fortalecer las expresiones de acompañamiento personalizado (*mentoring, coaching, tutoring*) en nuevos formatos que garanticen evitar riesgos sanitarios -blended learning, flipped classroom, etc- . Puesto que resulta mas evidente que es en la calidad del docente donde se juega la calidad de la propuesta educativa de cualquier propuesta educativa formal, en cualquier nivel. Las plataformas añaden valor a lo que es el valor agregado de la institución -los talentos humanos-. Esto nos lleva a una situación delicada pero clave a considerar: el perfil del docente que tendremos frente a grupo en los entornos digitales requiere ser capacitado para el uso educativo, pedagógico y didáctico de ello. El docente será el rostro inmediato de la institución para el estudiante, la propuesta total de la escuela es sopesada en la persona del docente y su profesionalismo, pues al no poder asistir a los espacios escolares ni darse interacción con otros.

Vivimos tiempos educativos complejos. Complejidad que significa conocer de manera diferente no conocer más. De tal manera que la adaptación incluye el imprevisto; se requerirá la armonización frente a los contradictorio; convendrá considerar las necesidades peculiares de un chico una chica que en ese momento tiene que afrontar algún momento emocional, psicológico, afectivo, relacional y brindarle la atención pertinente; la creatividad pedagógica frente a lo complejo del contexto del estudiante, desde los emails hasta nuevos canales y lenguajes de comunicación. La necesidad de un conocimiento sólido por parte del docente en su disciplina es indispensable en este momento de adaptación. Me atrevo a afirmar que sólo el que tiene un aceptable nivel de expertise en el área en la que está moviéndose, será capaz de adaptarse con inovación y no solamente improvisar.

Un último elemento es lo que me ha atrevido a llamar como la positividad preventiva es hablar de recuperarlo humano del humano, es considerar el cuidado de sí del cuidado y la existencia y valía del otro. Cada persona y cada momento puede ser intencionadamente educativo, eso significa que el adulto que quiere ejercer su rol como educador tendrá que considerar cuáles son los logros personales que quiere valorar, cuáles son los objetivos de aprendizaje que quiere resaltar, discernir lo esencial de lo que no lo es pensando en una educación formal que lleva a diferentes momentos dentro del proceso de desarrollo bio-psicosocial y trascendente del chico. Hablar de positividad preventiva entonces es educar desde lo positivo y pretender, día

14

con día y con cada persona, la mejor versión de cada uno. Me parece pues que cerramos esta primera momento de introducción diciendo que la clave para lograr una significatividad educativa en este momento que vivimos es tener muy claro que necesitamos seguir fortaleciendo al docente motivado porque si logramos la convergencia de un docente motivado a enseñar y un estudiante motivado aprender, lograremos tener éxito educativo.

Alejandro Rodríguez Rodríguez
Julio de 2020
Don Bosco Hall
Berkeley California

EDUCAR EN LA NUEVA NORMALIDAD

LA EXPECTATIVA DE UNA SIMPLE GRIPA

Mi primera reflexión vino semanas después de la alerta sanitaria. En ese momento solo intuía que era algo delicado, pero no tenía la menor idea del impacto y alcances que meses posteriores tendría el virus.

En ese momento me respondí a la pregunta, ¿qué ayudaría para estas semanas que vienen a los docentes y a los padres de familia? Pensé en algo claro, sencillo de memorizar y que podría ser invocado con facilidad. De estas germinales ideas surge el articulito "Educar en tiempos de virus". Donde proponía 6 estrategias muy humanistas para el momento de improvisación, con lenguaje familiar y confidente en que el momento era difícil y estresante pero, en ese entonces, sería pasajero.

Educar en tiempo de Virus

Publicado en *Edurama,* No. 9
el 16 de abril de 2020, 28-30.

Quiero compartir esta reflexión contigo como educador que me considero. Hablemos de educador a educador.

Factor 1

Hoy el coronoavirus-19 nos pone ante una nueva realidad educativa. El asilamiento social por temor a contagio y la reclusión en casa como estrategia de contención han generado una situación impensable hace un par de semanas: no hay clases en forma tradicional, no hay maestros en el aula física, no hay horarios establecidos y tampoco funcionan los centros educativos como se hacía antaño.

Factor 2

Pareciera que ni los Padres de familia, ni los estudiantes ni nosotros como educadores, mucho menos las autoridades, saben si hay aprendizajes, si éstos son significativos, si servirán para la vida ni mucho menos si los nuevos escenarios que viven nuestros estudiantes les permitan asimilar lo que les proponemos aprendan ya sea apoyándonos en manuales. Estar en casa ha modificado tu salón de clases, los estímulos de tus estudiantes les dispersan más, las estrategias didácticas parece que no estaban pensadas para un nuevo modo de vivir la experiencia de aprendizaje.

Factor 3

Pocos docentes nos sentimos expertos en el uso de la tecnología con fines intencionadamente educativos. Si bien manejamos varias plataformas para recibir algún curso, es diferente ahora ser el gestor del aprendizaje desde una pantalla, o remotamente, o solo por los medios -limitados- de usar una computadora e internet. La realidad es apabullante: ni somos relevantes en los medios para nuestros estudiantes, ni sabemos mediar la avalancha de información que nuestros estudiantes acceden en cada instante, ni tenemos la garantía que se logren los objetivos de aprendizaje pretendidos en planeaciones, ni mucho menos formamos para lo que decir formar: la vida como escuela.

Frente a esto que hoy vivimos por cuestión sanitaria y que, a mi modo de entender, nos deja palpar el futuro de la educación: no salones de clase, no escuelas con horarios determinados, no docente como mediador autorizado para un aprendizaje que está ahí en la red, no mas curriculums inflexibles -como los tiene

México- ¿tiene alguna posibilidad la escuela de hoy, para la realidad compleja del mañana? ¿Hay algo en lo debamos enfocar a enseñar y que sea relevante para quienes vivirán hiper-conectados en el momento que decidan estarlo?

Me parece que son 6 posibilidades de comenzar hoy, como educadores del hoy y del mañana, a aprender y a trasmitir:

1. Conectividad. Que para nosotros educadores es una competencia que va más allá de tener acceso a internet ininterrumpidamente con banda suficiente para navegar sin dificultad descargando el material que se desee. Me parece que debe ser un trabajo inter-disciplinar donde los estudiantes tengan las herramientas para trabajar colaborativamente en la red (los gamers pueden aportar mucho a esto), para que el fluir de la información en la red sea un estímulo intencionadamente educativo y no sólo una suma de dispersores. Una estrategia educativa que favorezca la reflexión crítica de nuestros estudiantes "solos" frente a las redes sociales ¿Cómo analizar lo que se tiene en la red? ¿Qué relevancia tiene en mi vida y en mis valores? ¿Cómo resuelvo el problema de aprender cosas significativas y valiosas para mi vida en y a través de las TIC´s? ¿Cuál es la mejor decisión que me conviene tomar frente a opción A y B, A o B?

2. Creatividad. Una competencia que requiere favorecer la imaginación de nuestros estudiantes con narrativas fantásticas e intencionadamente educativas. Quizá recuperar los clásicos de la literatura como Viaje al centro de la tierra, el Principito, 80 dias de viaje submarino, La Iliada y la Odisea, Los cuentos de

Asimov, etc. Sean los instrumentos que permitan el desarrollo funcional de la creatividad que todo estudiante posee y sean los instrumentos que permitan a los Padres de Familia acompañar el proceso de aprender desde la vida y para la vida de sus hijos.

3. Cultura Diversa. Cada ventana que abran en sus pantallas, nuestros estudiantes se verán confrontados con experiencias culturales diversas. TicTok permite expresar quien eres y por aquello que te expresas en la red. Nuestros estudiantes necesitaran instrumentos que les permitan ser competentes para discernir lo que es relevante para su vida de lo que no lo es tanto, requerirán tomar decisiones que les permitan incluir lo que les hace mejores personas para el mundo. El contexto virtual es diverso y diversificado, el intercambio respetuoso de experiencias diversas requiere colaboración de todos los que nos interesa formar al ciudadano del mañana, los problemas reales del mundo se pueden analizar en la pantalla y nuestros estudiantes requerirán una presencia que guíe, acompañe y forme.

4. Colaboración. La conectividad requiere vencer la tentación del aislamiento virtual y real. Nuestros estudiantes requieren la competencia de la colaboración, de aprender a trabajar en equipos apoyados en la red, la competencia de ponderar lo propio y lo ajeno en el mundo virtual y real, de tomar decisiones convenientes y actuar en consecuencia valiéndose de las redes sociales cuyo impacto es masivo. La competencia de construir comunidad y

buscar el bien común solidariamente, eso requiere pensamiento critico y comunicación efectiva.

5. Comunicación. La paradoja del mundo hiperconectado es que todos quieren comunicar algo pero no todos logran ser relevantes en su comunicación. Diversas plataformas nos permiten tener la oportunidad de comunicarnos (YouTube, Instagram, FB, Twitter, etc.) pero no siempre preparamos a nuestros estudiantes para comunicarse bien. Ser claros, directos, oportunos y asertivos en el momento de comunicarse, suelen ser habilidades que suponemos no nos corresponde, hoy al no tenerles en el aula, sabemos que sin esas competencias serán irrelevantes en el mundo virtual y, por ende, no existirán para el mundo.

6. Pensamiento Crítico. Ausentes físicamente de la escuela, con tiempo para estar conectados, viajando por las más diversas páginas web…humanamente parece imposible estar a su lado, ayudándoles a lograr ser críticos frente a lo que se presenta en la vida real y virtual. Me parece que debemos preparar para que cada estudiante tenga las herramientas mínimas de criticidad que el mundo sin escuelas tradicionales nos avizora. Educar al uso de la razón motivando al diálogo, buscando la justicia para todos, pretendiendo lo mejor de cada uno pues cada uno es capaz de logros personales mas que de metas preestablecidas, enseñando a ponderar lo valioso de lo irrelevante con estrategias de autoconocimiento, auto-reflexión y auto-apropiación; educar a la toma de decisiones desde los valores que sostienen la vida diaria son todos ellos

motivos de educar para ser cada día la mejor versión de uno mismo.

Estimado educador, te animo a que intentes las 6 C´s ahora que el coronavirus nos ha modificado nuestros ritmos de vida, de aprendizaje, de sociedad y de economía. Hoy puedes pensar en ser relevante para tu estudiante que ya hoy vive la realidad de un aprendizaje sin escuela, una escuela sin aula, un aula virtual sin docente…porque el docente intencionalmente educa para la vida porque vive lo que propone, es intencionadamente relevante porque es valioso lo que propone, es intencionadamente modelo de lo que propone porque irradia lo que lleva en su esencia: Educar para la vida.

Alejandro Rodríguez Rodríguez

LA SITUACIÓN ERA MAS COMPLEJA Y DELICADA. UNA NUEVA REFLEXIÓN

El tiempo pasaba y el impacto devastador era enorme para las siguientes semanas. Mi siguiente reflexión apunta un análisis multifactorial de causas, actores, situaciones, políticas y alcances de la educación, sistema educativo nacional. El reto era expresar la preocupación de un educador que se sabe en medio de algo que estaba modificando al mundo entero en todas sus estructuras sociales. Algo sobraba y algo faltaba. Era preocupante no hablar de educación en momentos de pandemia. Mi aporte fue publicado en el Diario Reforma el domingo 10 de mayo de 2020 bajo en título "Educación en tiempos de Pandemia" en el Suplemento Revista R en la página 17.

Apegado a los lineamientos editoriales, el artículo quedó reducido a un tercio de su original. Presento el escrito publicado en diario Reforma.

Educación en tiempos de Pandemia
Publicado en el Diario Reforma

Domingo 10 de mayo de 2020
en el Suplemento Revista R en la página 17

Hoy la realidad del covid-19 ha puesto al descubierto realidades no incluidas en el binomio para el éxito educativo: un docente motivado a enseñar y un alumno motivado a aprender. Me explico:

- Muchos docentes estamos aptos para enseñar y motivados para realizar nuestra labor: recorremos distancias considerables, sorteamos todo tipo de peligros en el trayecto, preparamos la clase con imaginación y creatividad. Pero hoy por hoy nos cuestionamos si en un futuro seremos requeridos por nuestros estudiantes: en un aula escolar, con un curriculum, con una planeación, con un aprendizaje esperado, con el modo y criterios de asignar calificaciones por objetivos no por logros, con un ciclo escolar del cual no sabemos si habrá nuevos periodos de confinamiento, de distanciamiento social, de nuevos virus o pandemias. Lo anterior genera la sensación de que algo nos falta y algo nos sobra.

- A la gran mayoría nos tomó por sorpresa la contingencia sanitaria, directivos y docentes, intentamos cumplir con lo que teníamos a la mano, con creatividad y compromiso en muchos. Pero las semanas pasan y comenzamos a cavilar: ¿Es que debemos improvisar en el camino para que el curriculum se cubra? ¿Por qué los contenidos deben ser cubiertos? No miento, algunos hemos llegado a pensar que sin curriculum de por medio, lo que aprenden las niñas y niños es irrelevante. Por ello creo que algo nos falta y algo nos sobra.

Considero que falta la justa valoración e integración de las experiencias de aprendizaje que ahí han estado pero no hemos sabido o no hemos querido adaptarlas al proceso formal educativo; falta mayor creatividad en los modos de lograr los objetivos de aprendizaje, en la manera de evaluarlos, en considerar apta a una persona que aprende más allá de las cuatro paredes de un aula escolar, en hacer de un sistema educativo nacional una experiencia nacional de aprendizaje donde todos los actores involucrados ahora han experimentado la necesidad de ser escuela 24/7.

Nos sobran curriculums inflexibles que en la práctica se pierden en los contenidos y avances programáticos alejándose afectiva y efectivamente de los aprendizajes en y para la vida que hoy las familias afrontan, enfrentan y confrontan como escuela en casa. Parece que no logramos entendernos en una realidad que ha cimbrado todo el sistema político, económico, educativo, social en el que funcionábamos pues ahora vivenciamos que todo es vulnerable, que un virus afecta esquemas de producción y ejercicio de la ciudadanía, horarios familiares y laborales, modos de interrelacionarnos y aprender o desaprender.

No dudo que el regreso a la nueva normalidad debe modificar nuestros modos de entendernos, de valorar el aprendizaje y la escuela, de interactuar o hacer negocios, de trabajar y ser productivos, de cuidar la única casa común y la sustentabilidad del medio ambiente. En el ámbito educativo formal se avecina una fase más creativa, más compleja, más provocadora.

- Más creativa: a) Un aula con "sanas distancias" (aulas la mitad de alumnado) o virtual con acceso ininterrumpido requerirá nuevos modos de aprender; b) Un docente relevante en el mundo digital quien requerirá capacitación relevante, continua, pertinente y significativa pues covid-19 nos confrontó a todos los educadores: sin prevención, sin cualificación, sin trabajo en red no alcanza la buena voluntad, ni la improvisación; c) Un curriculum que debe ser flexible pues los aprendizajes de casa y la casa como escuela son ambos válidos y valiosos, pues ambos son aprendizajes de y para la vida; d) Las "competencias para la vida" considerados en planes y programas requieren ajuste inmediato y hay recursos (radio, televisión, plataformas, apps) que pueden ser recuperados con intencionalidad educativa.

- Más compleja al pensar: a) Un curriculum "oficial" que se adapta a los aprendizajes que aportan el núcleo familiar, la comunidad donde se vive, los estímulos pedagógicos de cada contexto (rural, urbano, digital): convivencia prolongada en el núcleo familiar, cuidado de los espacios comunes, organización del tiempo libre, etc.; b) Un calendario escolar que responda al proceso de cada comunidad educativa inmersa en la accesibilidad ininterrumpida del mundo virtual; c) Experiencias de aprendizaje con formatos diferentes, quizá una especie de "master class" donde expertos comparten conocimientos, habilidades, competencias; d) Aprendizajes adaptados con creatividad a niños y niñas que nunca dejan de aprender y lo hacen desde miles de estímulos (Tiktok, Youtube, etc.) a ritmos escurridizos al reloj escolar, vaporosos al calendario político, vertiginosos a los tiempos electorales.

- Más provocadora pues: a) La aparente inutilidad del docente y lo inservible del sistema educativo nacional,

26

después de un par de semanas en convivencia forzada por covid-19 ha cambiado la percepción de la jornada escolar y de la labor docente; b) Se han dado las circunstancias para evidenciar la imperiosa urgencia de retomar la corresponsabilidad social del hecho educativo; c) Funcionarios, Profesionales de la educación y ciudadanos nos necesitamos pues nos descubrimos en precariedad creativa para recuperar el trinomio educativo casa-escuela-sociedad; d) Toda experiencia puede ser educativamente intencional, cada ciudadano puede convertirse en educador desde y para la vida, siempre y en todos lados es posible el aprendizaje.

Los maestros estamos motivados, los alumnos siempre aprenden covid-19 nos ha permitido entender que la adaptación posibilita Otra Nueva Escuela Mexicana. Concluyo comentándote a ti maestro, padre o madre de familia, tutor o ciudadano interesado en la educación de las nuevas generaciones: si a estas alturas aún crees que debe pasar el confinamiento en casa para regresar al aula a recuperar "el tiempo perdido"…creo que algo te falta y algo te sobra.

POST SCRIPTUM
Publicado en Linkedin.com
14 de mayo de 2020

Recordando que para tener escuelas con aprendizajes de nivel mundial (Rodríguez, 2019, 2018; Andere, 2015) se requería: Un docente motivado a enseñar y un alumno motivado a aprender.

La grande decepción de descubrir que ni la pantalla ni las redes sociales, ni las Apps resuelven cuestiones básicas de convivencia social, de valores vivenciados y asimilados, de criticidad frente a la ola de información. Algo falta y algo sobra de tal manera que me lleva a reafirmar lo ya sabido: no hay tecnología, ni experiencia virtual hoy en día capaz de suplantar totalmente la presencia y rol del maestro en la experiencia de aprendizaje (sobretodo en los primeros años de escuela), pero también se hace visible algo que incomoda….ningún docente puede suplantar totalmente la labor educativa del núcleo familiar. Hoy vemos con crudeza que el aprendizaje en casa es crucial para el aprendizaje en otros ambientes y espacios de socialización. Los maestros y padres de familia estamos verificando que no se puede aprender con una App o plataforma a ser cortés, ni mejor persona ni ser un honesto ciudadano; que no hay una App que habilite para ayudar en labores domesticas, o para generar una convivencia equilibrada y armónica en el núcleo familiar y comunitario; tampoco existe una plataforma que valore la calidad de los aprendizajes por su relevancia, actualizada y pertinencia para la vida.

Andere, M. E. (2015). *¿Cómo es el aprendizaje en escuelas de clase mundial?* Tomo I. Finlandia, Flandes, Países Bajos, Suiza, Chile, Estados Unidos, México (Vol. 1). México: Pearson Educación de México.

Rodríguez, A. (2018). *Educating from the Heart.* Salesian Leadership in the University. México: Ediciones Navarra – Universidad Salesiana A.C.

----------------. (2018). *Liderazgo Preventivo en la Universidad.* México: Ediciones Navarro.

----------------. (2019). Educadores Líderes desde un enfoque preventivo. México: IMGRA.

Alejandro Rodríguez Rodríguez

ANTE LA INCERTIDUMBRE DEL HASTA CUÁNDO…LAS CUATRO PES.

Después de publicar en el Diario Reforma aún, como educador, queda la preocupación de sugerir algunas líneas de reflexión en torno al hecho educativo en un modo más holístico. El análisis propuesto de la presencia e importancia del docente, de la escuela, del padre/madre de familia, de la sociedad misma me llevó a plantear cuatro posibilidades pedagógicas que intentaron cuidar el contexto nuevo en el que se encuentra la educación formal y la grande riqueza del humanismo que mira por la totalidad del ser humano. Hoy es tan importante como hace miles de años la pregunta sobre lo más humano del ser humano, el cuidado de la casa común y el interés intencionadamente educativo de toda acción humano consciente.

Cuatro Pes para afrontar los retos educativos de la nueva normalidad

Revista Nexos el 10 de junio de 2020
Blog de educación

La experiencia de un mundo en pandemia nos muestra lo vulnerable de nuestras instituciones educativas; la urgencia pedagógica frente a currícula poco adaptables; la innegable presencia de la tecnología como suplencia del aula tradicional, y el rol del docente. Aunado a ello, el contexto de los hogares y las dinámicas propias de cada núcleo familiar han marcado ritmos de aprendizaje, y han hecho repensar la fallida propuesta —en opinión de algunos— de la educación en casa. Me parece que el COVID-19 ha puesto al descubierto varios temas. En primer lugar, la propuesta educativa mexicana en su sistema escolarizado nacional —independientemente de la modalidad— se sostiene de alfileres. Un alfiler crucial es el docente y su rol en el esquema de aprendizaje. Aunque sea muy criticado, el docente es imprescindible para el aprendizaje del estudiante. En su persona se sostiene casi todo el sistema escolar de nuestro país: esto es esperanzador y preocupante. Esperanzador, porque tenemos focalizado el factor detonante de mejora de cualquier empeño reformador; sólo falta garantizar que los recursos, políticas, reformas y planes nacionales impacten realmente al docente frente a un grupo (aunque su aula sea virtual). Preocupante, porque en los nuevos modos de realizar escuela —sin horarios, aulas físicas, control directo sobre el grupo, libros como apoyo— la tecnología mostró cuán frágil es la situación de muchos docentes en temas de pedagogía, uso de Tecnologías de la

Información y Comunicación (TIC), trabajo colaborativo y evaluación.

En segundo lugar, al experimentar el uso de las redes sociales y de la tecnología para la enseñanza en línea y/o a distancia, nos cuestionamos si en un futuro los docentes serán requeridos en un aula escolar como lo fueron hace unos meses: con un currículo prediseñado y listo para ser aplicado, con una planeación y portafolio de evidencias, con un aprendizaje esperado y evaluable en formatos estandarizados. Los docentes no estaban capacitados para ser relevantes en el mundo virtual e improvisaron. El ciclo siguiente no será igual al que concluye; tenemos una sociedad que sabe que necesita al docente y al sistema educativo, un docente que sabe que requiere de estrategias didácticas para entornos digitales, uso de TIC y nuevos modos de aprender.

En tercer lugar, pensamos que regresaremos en el mes de agosto a las aulas; lo cierto es que la Organización Mundial de la Salud y, el comportamiento del virus mismo, ha llevado a que en otros países haya cautela en marcar tiempos y modos de regresar a la nueva normalidad. La normativa de distanciamiento social en espacios escolares, los protocolos de atención en caso de verificación de brote, la seguridad social del docente expuesto, y del estudiante también vulnerable, serán temas de debate y presupuesto. Lo anterior nos lleva a plantearnos posibles escenarios: escuelas con aula invertida o aprendizaje semipresencial; calendarios escolares con días en casa y otros en la escuela; currícula flexibles que adaptan e integran aprendizajes en casa; evaluaciones y valoraciones de aprovechamiento determinadas por logros académicos y no por instrumentos estandarizados ni objetivos establecidos desde oficinas.

En cuarto lugar, la incertidumbre: ¿cuáles serán las estrategias que mejor funcionen para futuros escenarios de esta magnitud?¿Cuál es la razón pedagógica y qué filosofía educativa subyace a una visión en que los contenidos y objetivos de aprendizaje deben ser cubiertos? ¿Qué requiere nuestra propuesta educativa y escolar para que ambas sean relevantes en el mundo virtual? Algunos hemos llegado a pensar que sin currículo de por medio, lo que aprenden las niñas y niños es irrelevante. Otros suponen que el uso de la plataforma que las autoridades educativas han designado será la panacea de la "nueva escuela mexicana". Otros más afirman que en nuestro sistema educativo el contenido es el fin, la estrategia y el objetivo de aprendizaje.

Considero que es momento de recuperar cuatro pes: pedagogía pertinente, presencia relevante, primacía de la persona, y prevención educativa. A continuación describo brevemente a qué me refiero con ellas.

Pedagogía pertinente a la nueva escuela

Me parece que, como docentes, nos hemos dado cuenta de que no bastan presentaciones en PowerPoint, ni ligas a videos educativos o referencias a páginas web. Sabemos que la red ofrece información de punta y variadísima, pero que a la vez no tiene el impacto que un guía experimentado intencionalmente buscaría. Urge recuperar una pedagogía de la posibilidad con estrategias y métodos para un aprendizaje mediatizado, global y flexible; que sea policromática en experiencias de aprendizaje propuestas. Pedagogía de la posibilidad cuando las estructuras son soporte —no freno— para educar al ciudadano y al ser humano en su integralidad; cuando los espacios y esquemas organizativos permiten la planificación intencionada que vincula mentes, sentimientos y voluntades, evitando la parcelación del conocimiento o la inflexibilidad del currículo; cuando se considera la complejidad que en su seno tiene la vida y toda la riqueza de posibles respuestas a situaciones existenciales diversas y, en actividades pensadas en su conjunto, se pretende acompañar desde y en el grupo, desde y en la comunidad de aprendizaje.

Presencia relevante

Considero que es tiempo de pensar en los influencers, gamers, youtubers, tiktokers y recuperar la pedagogía subyacente a su modo de estar en las redes pues, aunque sea difícil de aceptar, ellas y ellos son relevantes en el mundo virtual, especialmente para los jóvenes. Nuestra relevancia requiere una justa valoración e integración de las experiencias de aprendizaje que no hemos sabido o no hemos querido adaptar al proceso formal educativo: experiencias de trabajo artesanal, cuidado del campo y los recursos naturales, vínculo comunitario y ciudadanía activa, expresiones artísticas, etc. Ser relevantes en los modos de lograr los objetivos de aprendizaje, en la manera de valorarlos y evaluarlos, en considerar apta a una persona que aprende más allá de las cuatro paredes de un aula escolar. No hablo de lograr popularidad en redes sociales, sino de conocer la pedagogía de la relevancia en redes y emplearla intencionadamente educativa

Primacía de la persona como cuidado de sí y del otro

El cuidado de sí es una acción específica que debe realizarse sobre el individuo al que se le da la posibilidad de expresar su propia palabra para que pueda salir de la forma de vida en que se encuentra y pretenda una mejor versión de sí, más humana, más plena y, por ende, logre lo mismo en el otro, con retornos en espiral, constantes y acumulativos. Cuidar de sí mismo permite

35

llevar a cabo, por propia cuenta o con la ayuda de otros, un cierto tipo de modificaciones internas en el cuerpo, en el alma, en los pensamientos, en los comportamientos o en la forma de ser, pretendiendo obtener así un mejor conocimiento y autocontrol, una transformación positiva, un cierto nivel de formación que permite afrontar la vida con más herramientas para una mejor respuesta a los retos que se le presenten.

Prevención educativa

Resaltar lo positivo en cada persona, en cada contexto, utilizando las mejores herramientas disponibles en el momento y buscando las mejores intervenciones posibles de acuerdo con sus capacidades y recursos. Cada acción, cada decisión, cada intervención es intencionada y una expresión consciente del interés genuino de educar desde lo positivo, pretendiendo siempre la mejor versión de sí y del otro. La prevención global necesita una atmósfera, un ambiente de acompañamiento personalizado y personalizante. Acompañamiento como anticipación a cualquier situación de riesgo, como desarrollo intencionado personal, como construcción de un ambiente casi natural con rasgos de núcleo familiar individual y organizativo, como fomento de la presencia constante del educador que propone todo lo que su creatividad le brinda para generar confianza, cercanía, afecto equilibrado y maduro. La prevención educativa global es anticipar y empeñarse en regenerar el sentido de la dignidad donde se requiere; es la alegría de los momentos gratificantes compartidos colectivamente; es la atracción por cosas nobles, bellas y útiles.

La adaptación es posible. La otra "nueva escuela mexicana" es plausible, siempre y cuando logremos tener: a) docentes motivados a favorecer la experiencia de aprendizaje; b) alumnas y alumnos motivados a aprender siempre; c) padres y madres de familia y tutores convencidos, parte esencial de la ecuación para el éxito en la formación de ciudadanos responsables; d) autoridades con poder de decisión para garantizar acceso universal, equitativo y de calidad a la nueva manera de ser y hacer escuela; e) la conectividad tecnológica con su virtualidad, inmediatez, flexibilidad y democratización del hecho educativo; f) una sociedad mexicana que se responsabiliza por la educación de las nuevas generaciones.

Concluyo con señalar que, si a estas alturas, se cree que se debe regresar al aula "para que aprendan bien los estudiantes", "para que cubran lo mínimo indispensable del programa oficial", "para que los docentes hagan su trabajo" aún no se entiende que la sociedad en la que funcionábamos se ha mostrado radicalmente frágil. El virus afectó esquemas de producción y ejercicio de la ciudadanía, horarios familiares y laborales, modos de interrelacionarnos y aprender o desaprender y hasta hoy no hay quien lo pare. Urge adaptarnos a esta nueva realidad.

Alejandro Rodríguez Rodríguez

HUMANISMO SUBYACENTE Y PRECEDENTE

Otra serie de TRES artículos se publican en el blog educativo del Ministerio de Educación de Guatemala. Los cuatro artículos quieren ser expresión desde el corazón de un educador apasionado por el aprendizaje en ambientes educativos formales y no formales. Son temas que su vínculo es la creciente preocupación por que sean los docentes el punto clave de la experiencia de aprendizaje en ambientes que requieren una reflexión desde el humanismo que quiere ser integral y por los padres de familia, tutores y/o adultos en casa que quieren apoyar el proceso de aprendizaje que los estudiantes afrontan ante una nueva realidad sanitaria que ha impactado lo educativo en todos sus aspectos: relacional, espacio-temporal, ambiental, etc.

Re-Pensar la propuesta educativa, para llegar al corazón de los estudiantes

Ministerio de Educación del Gobierno de Guatemala
Blog educativo
Publicada el 29 de mayo de 2020

La experiencia de un mundo viviendo en pandemia nos muestra lo vulnerable de nuestras instituciones educativas, la urgencia pedagógica frente a currículos poco adaptables, la innegable presencia de la tecnología como suplencia del aula tradicional y el rol del docente. Aunado a ello, el contexto de los hogares y las dinámicas propias de cada núcleo familiar han marcado ritmos diversos de aprendizaje y han hecho repensar la propuesta de la escuela en casa. Me parece que Covid-19 ha puesto al descubierto que:

- Al experimentar el uso de las redes sociales y de la tecnología para la enseñanza en línea y/o a distancia, nos cuestionamos si en un futuro los docentes serán requeridos en un aula escolar como lo fueron hace unos meses: con un currículo prediseñado y listo para ser aplicado, con una planeación y portafolio de evidencias, con un aprendizaje esperado y evaluable en formatos estandarizados. Hoy todo esto parece poco relevante pues nuestros alumnos aprenden más allá de nuestros esfuerzos y lo hacen en y desde casa. Como docentes, no estábamos capacitados para ser relevantes en el mundo virtual y hemos improvisado. El ciclo escolar no será igual al concluir, tenemos una sociedad que sabe que necesita el docente y al sistema educativo, un docente que sabe que requiere de estrategias didácticas para entornos digitales, pero también la sociedad se ha dado cuenta que algo sobra y que falta mucho, en cuestiones de actualización, uso de TIC como TAC y nuevos modos de aprender.

- La incertidumbre que genera la pandemia nos hace cautelosos al marcar tiempos y modos de regresar a la nueva normalidad. Sin normativas de distanciamiento social en espacios escolares, los protocolos de atención en caso de verificación de brote, la seguridad social del docente expuesto y del estudiante también vulnerable. Lo anterior nos lleva a plantearnos posibles escenarios: escuelas con flipped classroom o blenden learning; calendarios escolares con días en casa y otros en las instalaciones escolares; currículos flexibles que adaptan e integran aprendizajes en casa y consideren la casa como escuela donde también se aprende; evaluaciones y valoraciones de aprovechamiento determinados por logros académicos y no por instrumentos estandarizados ni objetivos establecidos desde oficinas.

- El tiempo pasa y comenzamos a preguntarnos: ¿Cuáles serán las estrategias que mejor funcionen para futuros escenarios de esta magnitud? ¿Por qué tenemos currículos poco flexibles? ¿Cuál es la razón pedagógica y qué filosofía educativa subyace a una visión, donde los contenidos y objetivos de aprendizaje deben ser cubiertos? ¿Qué requiere nuestra propuesta educativa y escolar para que sean relevantes en el mundo virtual? Algunos hemos llegado a pensar que en nuestro sistema educativo el contenido es el fin y parece ser la estrategia con objetivos de aprendizaje.

Sin duda que algo nos falta y algo nos sobra, es momento de recuperar cuatro P´s para llegar al corazón de nuestros

41

estudiantes desde el hecho educativo repensando la significatividad

1. Pedagogía pertinente a la nueva escuela. Recordando que el pedagogo era quien acompañaba al estudiante en su camino al saber y siendo su persona misma guía y método para alcanzar el objetivo establecido. Me parece que, como docentes, nos hemos dado cuenta de que no bastan presentaciones en PowerPoint, ni links a videos educativos o referencias a páginas web. La variada información que se encuentra en las redes no tiene el impacto que un guía experimentado buscaría, como medios para un aprendizaje más significativo. Urge recuperar una pedagogía de la posibilidad, con estrategias y métodos para un aprendizaje mediatizado, global, flexible. Es una pedagogía que intenta experiencias de aprendizaje propuestas en la oficina, el lugar de trabajo, el patio, el aula, el auditorio, la excursión, el campo son ambientes ricos en experiencias educativas significativas. Se educa desde y para la vida. Existe la pedagogía de la posibilidad cuando las estructuras son soporte, no freno, para educar al ciudadano y al ser humano en su integralidad; cuando los espacios y esquemas organizativos se vuelven humus común para la planificación intencionada que vincula mentes, corazones, voluntades, creatividad, inquietudes o sueños evitando la parcelación del conocimiento y en la comunidad de aprendizaje.

2. Presencia relevante. Es tiempo de pensar en los influencers, gamers, youtubers, tiktokers y recuperar la pedagogía subyacente a su modo de estar en las redes pues, aunque sea difícil de aceptar, ellos son relevantes en el mundo virtual. Nuestra relevancia requiere una justa valoración e integración de las experiencias de aprendizaje que no hemos sabido o no hemos querido adaptarlas al proceso formal educativo. Ser relevantes en los modos de lograr los objetivos de aprendizaje, en su valoración y forma de

evaluarlos, en considerar apta a una persona que aprende más allá de las cuatro paredes de un aula escolar. Es conocer la pedagogía de la relevancia en redes y emplearla con intencionalidad educativa.

3. La primacía de la persona como cuidado de sí y del otro. Es una especie de viaje siempre inacabado hacia la interioridad, con retornos en espiral, constantes y acumulativos con cierto tipo de modificaciones internas en el cuerpo, en el alma, en los pensamientos, en los comportamientos o en la forma de ser para que pretenda una versión de sí, mejor, más humana, más plena. El cuidado de sí mismo es una acción en uno mismo, sirviéndose a sí mismo en sus necesidades y deseos, sueños y esperanzas, luchas y triunfos, oscuridades y caídas pues quien mejor se conoce y sabe lo que necesita para estar en armonía con sí mismo y con el otro.

4. Preventividad global. Es momento de resaltar lo positivo en cada persona, en cada contexto, utilizando las mejores herramientas disponibles y buscando intervenciones de acuerdo con tus capacidades y recursos. Cada acción, cada decisión, cada intervención es intencionada y conscientemente expresión del interés genuino de educar desde lo positivo. La prevención global necesita, como ambiente e instrumento el acompañamiento personalizado y personalizante. Acompañamiento que es anticipación a cualquier situación de riesgo, fomento de la presencia constante del educador que propone todo lo que su creatividad le brinda para generar confianza, cercanía, afecto equilibrado y maduro. La Preventividad educativa global es deseo de regenerar el sentido de la dignidad donde se requiere; es la alegría de los momentos gratificantes compartidos en familia; es la atracción por cosas nobles, bellas y útiles.

Alejandro Rodríguez Rodríguez

Algunas ideas para llegar al corazón desde la educación. Parte I

Ministerio de Educación del Gobierno de Guatemala
Blog educativo
Publicada el 8 de junio de 2020

La educación considerada un arte es, hoy en día, una delicada tarea de acompañamiento, de proyecto de vida compartido, de metas intencionadamente propuestas y de valores asimilados por quien facilita la experiencia educativa misma. El centro de toda acción educativa es el estudiante, en su contexto propio, en su dinamismo personal en que se encuentra, en su sensibilidad generacional propia, en sus sueños y aspiraciones.

Un arte donde, trabajo artesanal y originalidad artesana se conjugan en tiempo, espacio, vida entregada, originalidad cuidada en cada intervención educativa; donde el material en manos del artesano-educador es único y valiosísimo: la vida del estudiante. Un arte educativo que toca las fibras más sensibles de todo educando: el corazón. Corazón entendido como el centro de la toma de decisiones, como el lugar donde los afectos se hacen presentes con nitidez, como el punto de encuentro donde la voluntad y la razón convergen, como el horizonte en el que el amor educativo roza y se entrelaza con la razón y la apertura a la trascendencia en un ámbito permeado de alegría, presencia intencionadamente educativa, benevolencia y familiaridad. Un arte que requiere pericia y experiencia para descubrir lo mejor en cada persona, y que pide paciencia y esperanza para acompañar hasta ver fructificar la semilla de bondad presente en todo ser humano.

Llegar al corazón y educar desde ahí, significa educar desde lo positivo y hacia lo positivo, es elevar, construir y aprovechar la energía saludable que posee toda persona. Educar desde el corazón es deseo de regenerar el sentido de la dignidad donde se requiere; es la alegría de los momentos gratificantes compartidos en familia; es la atracción por cosas nobles, bellas y útiles; es la apertura a la trascendencia que el Amor pide, llama, lanza, plenifica. Cada narración de vida es una historia personal importante, y cada historia personal importa porque no se puede entender ninguna relación humana, organización o grupo social sin comprender la participación activa y la contribución de los recursos humanos que lo sustentan, lo nutren, lo afectan, y modifican. Como cualquier ecosistema humano, la armonía de las partes y el equilibrio de las relaciones interpersonales permiten una experiencia adecuada o, en ocasiones, un desequilibrio en los agentes que pueden socavar su viabilidad.

Educar desde el corazón es intenta "resaltar" lo positivo en cada persona que encuentra a lo largo del camino en todas las áreas de la vida, en cada contexto en el que está inmerso, utilizando las mejores herramientas disponibles en el momento y buscando las mejores intervenciones posibles de acuerdo con sus capacidades y recursos.

Educar desde el corazón es poseer una gran disponibilidad para estar activa e intencionadamente presente en medio de los estudiantes y comprometer responsablemente tu persona con quienes forman parte del proceso educativo. Educar desde el corazón es vivir diariamente la amabilidad educativa, que hace que tu presencia como educador sea viva, cordial, competente, continua y significativa.

Educar desde el corazón es vivir nuestra forma de razonar con justicia en el sentido de que el educador, así como el aprendiente, están sujeto a la norma social que permite la convivencia. Una forma de razonabilidad como medida de lo posible pues todo lo que se exige debe ser proporcionado y posible al momento de desarrollo personal del otro y al contexto e historia que le anteceden y le envuelven. Una forma de racionalidad donde la razón última formativa y el bien común para todas las decisiones y demandas educativas deben ser evidentes tanto para quien educa como para quien es educado. Un valor se asimila cuando es comprendido como valor, es propuesto explícitamente y es ejercitado contextualmente. Una forma de motivación donde la importancia, pertinencia, relevancia y fines del proceso educativo y la validez de la propuesta pedagógica deben ser evidentes para los aprendientes, y su participación se requiere para el logro de formar ciudadanos comprometidos con la mejora continua de sus personas, de sus comunidades, de las sociedades y de la casa común.

Para ello se requiere en ti educador (del nivel escolar que seas, en el contexto social en que labores) una intencionalidad educativa consciente y operante. La intencionalidad educativa se nutre se nutre de la práctica conscientemente de ejercicios de auto-conciencia, de auto-conocimiento y de auto-posesión mediante la aplicación de la capacidad racional y cognitiva. La intencionalidad educativa se expresa en el deseo de ir más allá de lo requerido o asignado por un rol, buscando una comunión de mentes, corazones y metas, donde no se es ingenuo con las experiencias previas, pero tampoco se detiene en lo que se tiene pues educar con el corazón es: Educar desde y para la vida plena, armónica, integral siempre en posibilidad de ser mejor, siempre en el empeño de lograr un mundo más justo, más solidario, más humano.

Alejandro Rodríguez Rodríguez

Algunas ideas para llegar al corazón desde la educación. Parte II

Ministerio de Educación del Gobierno de Guatemala
Blog educativo
Publicada el 1° de julio de 2020

Educar desde el corazón necesita de la presencia intencionalmente activa, eficaz y eficiente de los educadores para convertirse en referentes confiables de los nuevos aprendizajes que los aprendientes adquirirán en el descubrimiento de sus mundos físico, psicológico, emocional, social, relacional, virtual y trascendente.

Llegar al corazón y educar desde ahí requiere que los educadores seamos facilitadores expertos en los procesos de interpretación y re-conceptualización de los propios esquemas mentales que los aprendientes vivirán en el proceso de conformar un proyecto de vida.

Educar desde el corazón es ser promotor de desarrollo integral efectivo y eficaz en el desarrollo de procesos cognitivos, afectivos y procedimentales. A fin de que el alumno de sentido a su aprendizaje logre ejercitarse en la autoconciencia y autoapropiación y pueda aplicarlo oportunamente en los contextos vitales específicos. Cualquier itinerario de crecimiento humano requiere un cierto nivel de autopercepción y autoconciencia sean para que sean reconocidas, respaldadas e intensificadas por un educador con cierto nivel de clarividencia y experiencia.

Educar desde el corazón es la praxis cotidiana de quien ha buscado conscientemente la mejor versión posible de sí mismo

49

(a), y propone la misma meta, aunque no los mismos tiempos e itinerarios. Acompaña al educando evitando la proyección de metas irracionales o de las aspiraciones del docente y que no brotan legítimas ni se sustentan en las aspiraciones propias del estudiante. Un enfoque educativo con esta sensibilidad sostiene que la educación no puede reducirse a mera metodología, menos aún a solo criterios de calidad empresarial, ni a parámetros de medición estandarizada como valoración (assessment) inmejorable. La acción educativa que mira al corazón está vitalmente vinculada al proceso de desarrollo del aprendiente y de la comunidad educativa.

Educar desde el corazón es una invitación a compartir con los aprendientes una acción intencionada que mira por la integralidad de la persona, una especie de co-generación humana para el desarrollo de valores tales como: verdad, libertad, amor, trabajo, justicia, solidaridad, participación, equidad, inclusión, solidaridad.

Educar desde el corazón es hacerlo acompañando desde una comunidad que aprende. Una comunidad como estilo de trabajar en la nueva normalidad que lleva al compromiso responsable, a la escucha atenta, a la intervención inteligente, al discernimiento respetuoso. Una comunidad intencionalmente educativa vive un estilo de presencia educativa que no está tan preocupado por defenderse de los peligros por miedo a los riesgos y posibles errores, sino que es una comunidad que propone, estimula, genera crecimiento, anima a la persona a convertirse en lo que está llamada a ser.

Educar desde el corazón se entiende como la actitud de educador que busca una promoción holística mutua. El educador se convierte en centro de humanización, de atención personal, de servicio desinteresado, de relaciones maduras y amables, de motivación intelectual, de referencia axiológica en cualquier actividad, de lugar y acontecimiento donde esté presente él o ella (escuela, universidad, parvulario, etc.).

El educador que lo hace desde el corazón es a quien los estudiantes le perciben como una persona que valora la relación interpersonal y la promueve porque las relaciones se basan en la amabilidad respetuosa y la benevolencia amorosa educativa. Una persona que busca intencionadamente en cada actividad y propuesta una posibilidad positiva que genere y transmita cultura, conocimiento, pasión por una vida profunda y una experiencia de trascendencia.

Educar desde el corazón es buscar intencionadamente crear en cualquier propuesta educativa los elementos básicos que constituyen un núcleo familiar: amor que nutre, cuida, respeta, educa, acompaña y promueve. La experiencia dice que una forma de lograr un mejor proceso de personalización es la creación de una atmósfera de familiaridad, un ambiente relacional donde los factores que sustentan el núcleo familiar se viven por cada uno de los miembros que conforman la experiencia educativa y se respiran en un ambiente creado exprofeso para ello.

Educar desde el corazón es "operativizar" la familiaridad, el afecto y la confianza. La amistad educativa benevolente es profunda, prospera y nace de los gestos y el deseo de relaciones interpersonales auténticas y profundas inscrito en todo ser humano. A su vez, la familiaridad engendra confianza, y la confianza es todo en la educación porque el único momento en que es posible comenzar a educar es cuando el estudiante entra en su yo profundo y comparte sus aspiraciones más auténticas.

Educar desde el corazón es alegría mostrada en las más variadas formas de expresión y se convierte en un diagnóstico educativo de primer orden tanto para los educadores como para los miembros de la comunidad educativa. Porque no solo en la espontaneidad de la vida familiar alegre de los estudiantes, el educador tiene una fuente invaluable para comprender las personalidades sino, sobre todo, el educador tiene asegurado un espacio y una oportunidad de contactar, uno por uno, a los jóvenes sin causar lejanía o rechazo compartiendo un diálogo personalizado y espontáneo, fruto del encuentro espontáneo provocado pues mueve al educador el deseo del bien mayor y que irrumpe sin protocolos en el momento personal del joven situándole frente a una propuesta enriquecedora de su propia persona. Ejemplo de ello es la charla espontánea en el patio, el encuentro en los pórticos o pasillos, la charla en los momentos de recreo o al cierre de actividades, encuentro como se da con los amigos: espontáneo, cordial, directo.

Educar con el corazón es presencia activa y focalizada de quien pretende educar y que significa atención cuidadosa a y de todos los actores que forman una comunidad de aprendizaje. Dicha atención esmerada y solícita se expresa en una serie de acciones positivas, actividades intencionadamente educativas, intervenciones de orientación personalizada y una influencia continua y persistente desde lo positivo en y desde cada persona; el rol dentro de la comunidad debería ayudar a lograr una atmósfera preventiva, y no limitar la influencia positiva de cada uno favor de los demás.

El discernimiento de la realidad personal y comunitaria con impacto en el contexto propio debería conducir al cuidado de sí. Dado que el cuidado de sí mismo implica una forma de ser, una actitud, una forma de pensar las prácticas de la propia subjetividad. El individuo que cuida de sí mismo es alguien que es capaz al mismo tiempo de cuidar a los demás. Para llegar a esa situación, es necesario deliberar y razonar sobre lo que desea para sí mismo, lo que pretende consigo mismo, lo que proyecta a futuro. La educación es, pues, cuestión del corazón.

Referencias Bibliográficas

Rodríguez, A. y Sánchez Tapia, S.G. (2020). Ser Preventivo en 15 acciones. México: IMGRA.

Rodriguez, A. (2019). Educadores Líderes desde un enfoque preventivo, Mexico: IMGRA.

Rodríguez, A. (2018). Liderazgo Preventivo en la Universidad, México: Ediciones Navarra-Universidad Salesiana.

Alejandro Rodríguez Rodríguez

UN ENSAYO

Un ensayo con más aparato metodológico sobre un tema que venía reflexionando y acompañando desde hacia semanas. Profundiza y explica mejor algunos puntos que se habían propuesto en publicaciones previas.

Ideas creativas, complejas y provocadoras para la educación a partir de la COVID-19

Novedades Educativas, 32 (355), 65-69
Argentina

Resumen

La educación se ha visto afectada por la presencia del coronavirus (covid-19) debido a los confinamientos obligados, los protocolos sanitarios y las modificaciones a calendarios escolares. Hablar de los actores sociales del hecho educativo, sus responsabilidades compartidas y el uso de las tecnologías como sustituto de la experiencia escolar, requiere, a consideración del autor, un análisis ágil, una serie de propuestas a futuro y una toma de conciencia de lo que nos deja en nuestros contextos latinoamericanos, una situación que ha rebasado a la sociedad en su conjunto. Vivimos la nueva normalidad y la experiencia de escuela no debería ser ajena a ello. Si algo sobra, es que quizá algo falta.

Pandemia y educación

Hoy la realidad del covid-19 en el mundo nos muestra lo vulnerable de nuestras instituciones sociales, lo incierto en formas de vida y organización, lo complejo del liderazgo y toma de decisiones, lo ambiguo en el ejercicio de la ciudadanía y el bien común (Lawrence, 2017; Rodriguez, 2019). Poco a poco hemos visto como los templos, las escuelas, los mercados y los centros comerciales cierran sus puertas; percibimos en los bolsillos el encarecimiento de todo al verse afectadas las líneas de suministro; los encuentros y convivencia sociales para muchos se han reducido por temor al contagio, y las redes sociales suplen la ausencia de contacto físico; las bolsas del mundo se estabilizan después de semanas con vertiginosas caídas; la vorágine de informaciones sobre mortalidad día a día nos abruma, solo en Centro y Norte américa incluido el caribe tenemos al 20 de mayo alrededor de un millón ochocientos mil casos con cerca de 107,000 muertes (en el mundo reportan 327,000 muertes y más de 5 millones de infectados) (Worldometer, 2020). Los datos científicos son más creíbles que la opinión de políticos, y parece que la sociedad confía en científicos más que en jefes de estado con discursos mesiánicos (baste recordar en México la situación Alatorre-Secretario de Salud) (CNN, 2020), contradictorios (solo basta escuchar a Trump).

Parece que en Latinoamérica, los padres de familia, docentes y demás personal involucrado en el hecho educativo formal de todos los niveles, se siente un poco menos confundido frente a la situación, donde semanas previas hubo confusiones, malos entendidos, expectativas erróneas de la escuela en casa, del uso de la tecnología como suplencia de la ausencia de aulas tradicionales, de los contenidos programados. El contexto de los hogares y las dinámicas propias de cada familia han marcado

56

ritmos de aprendizaje, los estímulos educativos que rebasan la intervención mediatizada del docente, han hecho repensar los aprendizajes en casa, el uso de plataformas por docentes que han podido acceder a ellas, con el más honesto fin de continuar el proceso de aprendizaje, el cual ha sido loable.

Educación en ciernes

Con lo anterior, me parece que Covid-19 ha puesto al descubierto realidades no incluidas en el binomio para el éxito educativo: un docente motivado a enseñar y un alumno motivado a aprender (Andere, 2015; Rodríguez, 2019). Me explico:

- Muchos docentes estamos aptos para enseñar y motivados para realizar nuestra labor: recorremos distancias considerables, sorteamos todo tipo de peligros en el trayecto, preparamos la clase con imaginación y creatividad, pero al experimentar el uso de las redes sociales y de la tecnología para la enseñanza en línea y/o a distancia, nos cuestionamos si en un futuro seremos requeridos por nuestros estudiantes en la forma que hasta antes del covid-19 nos considerábamos indispensables y relevantes: en un aula escolar, con un currículo prediseñado y aparentemente listo para ser aplicado, con una planeación y portafolio de evidencias, con un aprendizaje esperado y evaluable en formatos estandarizados, con el modo y criterios de asignar calificaciones por objetivos no por logros, con un ciclo escolar que iniciaba y terminaba en fechas determinadas y con horarios, suspensiones y consejos técnicos preestablecidos (SEP, 2020). Hoy todo esto se ha vuelto poco relevante pues nuestros alumnos aprenden más allá de nuestros esfuerzos, los currículos son instrumentos aplicables a medias pues ni todos nuestros alumnos pueden acceder al internet, ni todos viven ambientes factibles de aprendizaje para cubrir lo pedido en planeaciones y programaciones, los momentos evaluativos no alcanzan para evaluar el aprendizaje en casa y desde casa, los instrumentos de apoyo a la experiencia de aprendizaje (libros, libretas, tablet) parece que ahora se han vuelto los medios que garantizan memorización y transferencia de nuevos aprendizajes. No estábamos capacitados para ello -hablo de docentes y de sociedad en general- y sentimos que en cuanto a aprendizajes esperados...algo falta y que algo sobra.

• Pensamos, todavía algunos, que regresaremos en un par de semanas a las aulas y podremos narrar lo que vivimos para sobrevivir a la primera pandemia en pleno s. XXI. Lo cierto es que la OMS y los más confiables referentes en cuestiones de pandemias son cautelosos en marcar tiempos y modos, el tiempo lo lleva el virus en su primera, segunda o tercer ola, no los tiempos políticos o las urgencias de los indicadores económicos (WHO, 2020). No sabemos si habrá nuevos periodos de confinamiento, de distanciamiento social, de nuevos virus o pandemias.

Lo anterior nos lleva a plantearnos posibles escenarios: escuelas con flipped classroom, algunos días en casa -creando, evaluando, analizando, aplicando, entendiendo, recordando- algunos en la escuela en la misma dinámica (Zainuddin & Halili, 2016); distanciamiento seguro en las instalaciones escolares modificando normativas federales al respecto; currículos flexibles a aprendizajes en casa y a considerar la casa como escuela donde se aprende; calendarios escolares determinados por los logros académicos y no por esquemas estandarizados, y respondiendo a otras dinámicas y no las del aprendizaje; conocimientos, habilidades, competencias desde y para la vida y no solo aprendizajes determinados por una programación rígida. Lo anterior genera la sensación de que algo nos falta y algo nos sobra.

A la gran mayoría nos tomó por sorpresa la contingencia sanitaria, directivos y docentes, intentamos cumplir con lo que teníamos a la mano, con creatividad y compromiso en muchos casos. Pero las semanas pasan y comenzamos a preguntarnos: ¿Es que debemos improvisar en el camino para que el currículo se cubra? ¿Cuál será la estrategia que mejor funcione para estar mejor preparados frente a realidades de esta magnitud? ¿Por qué el discurso de algo nuevo en la escuela parece más de lo mismo que reformas educativas pasadas propusieron? ¿Por qué los contenidos deben ser cubiertos? No miento, algunos hemos llegado a pensar que sin currículo de por medio, lo que aprenden las niñas y niños es irrelevante. Este modo de entendernos, me parece que deja a un lado experiencias de aprendizaje en casa y desde el contexto vital de nuestros estudiantes. Creo que algo nos falta y algo nos sobra.

Algunas consideraciones

Considero que falta la justa valoración e integración de las experiencias de aprendizaje que ahí han estado, pero no hemos sabido o no hemos querido adaptarlas al proceso formal educativo: enseñanza de oficios y experiencias de trabajo artesanal, cuidado del campo y los recursos naturales, vínculo comunitario y ciudadanía activa, etc. Falta mayor creatividad en los modos de lograr los objetivos de aprendizaje, en la manera de evaluarlos, en considerar apta a una persona que aprende más allá de las cuatro paredes de un aula escolar, pues algunos se empeñan en que solo lo escolar formal como experiencia de aprendizaje es lo único válido, porque parece que lo demás es de cuarta. Falta mayor flexibilidad para hacer de un sistema educativo nacional una experiencia nacional de aprendizaje, donde todos los actores involucrados que ahora han experimentado la necesidad de ser escuela (todos los días y todo el día) entiendan y apliquen en los niveles e instancias necesarias este nuevo insight: se aprende en todos los momentos, adaptemos lo que hemos visto que no funciona.

Nos sobran currículos inflexibles que en la práctica se pierden en los contenidos y avances programáticos, alejándose afectiva y efectivamente de los aprendizajes en y para la vida que hoy las familias afrontan, enfrentan y confrontan como escuela en casa (SEP, 2020). Baste mirar otros países para entender que la realidad actual exige otro modo de organizar la enseñanza en centros escolares (Rodriguez, 2019; Harari, 2018; Andere, 2017). Parece que no logramos entendernos en una realidad que ha cimbrado todo el sistema político, económico, educativo, social en el que funcionábamos, pues ahora vivimos la experiencia que somos vulnerables radicalmente, que un virus afecta esquemas de producción y ejercicio de la ciudadanía, horarios familiares y laborales, modos de interrelacionarnos y aprender o desaprender.

El discurso político cuida sus tiempos y administra sus recursos, pero me parece que hoy en el ámbito educativo nacional, muchos líderes ni saben ni atinan a generar, más allá de discursos, la pertinencia de la escuela para la vida cotidiana, ni entender la familia como escuela. Quizá conviene desaprender que solo lo positivamente medible es digno de ser considerado como aprendizaje (como si los aprendizajes en sí mismos fueran positivamente medibles); si hemos valorado poco el cúmulo de aprendizajes que, hoy por hoy, nuestros estudiantes tienen en las redes sociales, en su núcleo familiar, en el tiempo de ocio o trabajo doméstico.

No dudo que el regreso a la nueva normalidad debe modificar nuestros modos de entendernos en muchos aspectos de nuestra vida: a) creo que es tiempo de pensar seriamente en los *influencers, gamers, youtubers, tiktokers*, etc., pues son relevantes en el mundo virtual, pues identifican su nicho, elijen la mejor plataforma, dan prioridad a los contenidos que quieren trasmitir, escuchan a su audiencia, juegan con sus hashtags, son consistentes, colaboran con otros *influencers*, construyen websites, dan alojamiento a otros en su *Fanpage* y portales, trasmiten en vivo y responden a sus fans (Barker, 2020); b) pienso que es momento de valorar el aprendizaje y la escuela en su justa relación e interdependencia, no solo el aprendizaje de la escuela o en la escuela entendida esta última como espacio delimitado e inmóvil; c) es momento de integrar el aprendizaje sustentable cuidando la casa común de la humanidad y muchas otras especies, y la sostenibilidad de sistemas de vida armónica y delicadamente interactuando; d) sin duda que es momento de pensar otra manera posible de hacer negocios, de trabajar y ser productivos, parece que el modelo económico vigente es perverso en su núcleo.

Lo que se avecina

Frente a esos someros enunciamientos, considero que en el ámbito educativo formal se avecina una fase más creativa, más compleja, más provocadora.

- Más creativa pues si la "anormalidad" que llevamos viviendo unos meses se vuelve "nueva normalidad", debemos pensar en: a) Un aula presencial actual con "sanas distancias" solo podrá agrupar a la mitad del número de estudiantes que actualmente se atienden en las escuelas públicas; b) Si es posible considerar que el gobierno proveerá antes del tradicional tiempo de inicio del ciclo escolar oficial (me parece titánico rayando en imposible) la experiencia de aprendizaje y de escuela sin muros, donde lo virtual con acceso ininterrumpido requerirá nuevos modos de interactuar, pues es imposible recrear la escuela en casa (Issensee, 2020); c) Un docente relevante en el mundo digital quien requerirá capacitación actualizada, relevante, continua, pertinente y significativa pues covid-19 nos confrontó a todos los educadores: sin prevención, sin cualificación, sin trabajo, en comunidades de aprendizaje, y en conectividad no alcanza la buena voluntad, ni la improvisación, ni discurso gremial y político alguno; d) Un currículo que debe ser flexible en la práctica, pues los aprendizajes de casa y esta última como tal, considerada como escuela, son ambos válidos y valiosos, pues ambos son aprendizajes de y para la vida, ambos son dos contextos del sujeto de todo aprendizaje: la persona, en quien no debería darse parcelamiento, pues las dicotomías son válidas y necesarias en lo formal y analítico, pero no deberían ser absolutas al tener al centro

62

la persona del estudiante donde lo cognitivo, lo físico, lo emocional, lo cívico, lo moral y estético sean una realidad convergente en casa (INEE, 2019); e) Quizá conviene recuperar la experiencia SOLE (Self Organised Learning Environment), donde los educadores animan a los estudiantes a trabajar en comunidad para responder sus propias preguntas usando Internet y obteniendo resultados favorables cuando alguien con la ayuda de un amigable, aunque desconocido mediador, alcanza aprendizajes de su interés aún en situaciones de desventaja con logros muy elevados (Mitra, 2014) (Rix & McElwee, 2016) ; f) hay recursos públicos y de administraciones pasadas (radio, televisión, plataformas, apps) que pueden ser recuperados con intencionalidad educativa frente a la urgencia de ser relevantes en un mundo virtual y digitalizado, que requiere pericia y experiencia que, por premura de tiempo, conviene adaptar lo que se tiene más que innovar cuando es vertiginoso y muy borroso el futuro inmediato.

- Más compleja al pensar en: a) Un currículo "oficial" que se adapta a los aprendizajes que aportan el núcleo familiar, la comunidad donde se vive, los estímulos pedagógicos de cada contexto (rural, urbano, digital) pues la educación es un sistema no-linear que se resiste a políticas y consigo tiene consecuencias no buscadas (Ghaffarzadegan, Larson, & Hawley, 2017); b) Una programación y planeación de la nueva escuela como comunidad de aprendizaje donde la convivencia prolongada en el núcleo familiar, el cuidado de los espacios comunes, la organización del tiempo libre, etc., son parte de un currículo pensado para aprender no para cubrir avances programáticos, cuyos contenidos suponen en su sumatoria un aprendizaje para la vida, con pertinencia y significatividad, pues la educación conlleva información asimétrica y racionalidad contenida (Ghaffarzadegan, Larson, & Hawley, 2017); c) Un calendario escolar que responda al proceso de cada comunidad educativa inmersa en la accesibilidad ininterrumpida del mundo virtual, pues la educación está siempre rodeada de feedback loops (Xue & Larson, 2015); d) Experiencias de aprendizaje con formatos diferentes, quizá una especie de "master class" o MOOC´s donde expertos comparten conocimientos, habilidades, competencias, sabiendo que han sido miembros destacados en la comunidad, y que los modos de afrontar la vida y generar cambios en todos los frentes, puede ser una válida manera de acercar al estudiante a experiencias de éxito con peritos en el área elegida (mujeres de negocios, CEO´s, deportistas, artistas, artesanos, del sector primario, secundario y terciario en el mundo laboral) (Dalsgaard & Gislev, 2019); e) Aprendizajes adaptados con creatividad a niños y niñas que nunca dejan de aprender y lo hacen desde miles de estímulos (Tiktok, Youtube, etc.) a ritmos escurridizos al reloj escolar, vaporosos al calendario político, vertiginosos a los tiempos electorales, pero únicos en su momento y detonantes de potencialidades más allá de positivismos ortodoxos.

• Más provocadora pues: a) La aparente inutilidad del docente y lo inservible del sistema educativo nacional, después de un par de semanas en convivencia forzada por covid-19, ha cambiado la percepción de la jornada escolar y de la labor docente. Se sabe que mucho falta en ambos, pero también se comprueba que sin ellos incluidos en la ecuación...los aprendizajes esperados no se logran; b) La palpable ausencia del padre o madre de familia, del tutor y del ciudadano en el acto educativo formal, aunado a la actitud de cliente no satisfecho, pues el "combo" educativo que ha pagado (entiéndase el alumno como *fast food deliver*) no es entregado a entera satisfacción con la única responsabilidad de ser cliente exigente, después de un par de semanas en convivencia forzada por covid-19, ha cambiado la percepción de la vital importancia del núcleo familiar y del ambiente ex profeso en casa, para ser ambiente rico en propuestas educativas y significativo en sus intervenciones. Se sabe que mucho falta, pero también se comprueba que sin ellos incluidos en la ecuación...los aprendizajes esperados no se logran; c) Se han dado las circunstancias para evidenciar la imperiosa urgencia de retomar la corresponsabilidad social del hecho educativo por todos los actores de cada uno de los ámbitos de nuestra sociedad: nuestras generaciones jóvenes quieren aprender, pueden hacerlo pero la calidad, la pertinencia o la significatividad de ello, depende de políticas educativas claras, incluyentes, contextualizadas, sabias, preventivas, generadoras de ciudadanos comprometidos con el bien mayor; d) Empresarios, Funcionarios de todos los sectores, Profesionales de la educación y ciudadanos, nos necesitamos pues nos descubrimos en precariedad creativa para recuperar el trinomio educativo casa-escuela-sociedad, para generar un ambiente rico en propuestas formativas, para forjar el futuro de nuestra patria. Covid-19 nos dejó en la precariedad de la insanidad -según Einstein-: esperar resultados diferentes haciendo lo mismo, los mismos y en los mismos esquemas mentales, procedimentales o relacionales; e) Toda experiencia puede ser educativamente intencional, cada ciudadano puede convertirse en educador desde y para la vida, siempre y en todos lados es posible el aprendizaje. El paradigma educativo que nos ha acompañado desde hace mucho tiempo hoy se muestra rebasado en sus modos. Es tiempo de recuperar la pedagogía como posibilidad de enriquecimiento metodológico, que se aplica inteligente y racionalmente a la experiencia de aprendizaje y a la educación.

Hoy la pedagogía tiene campo abierto pues de fondo no estamos en el fin de una época, me parece que estamos ante la contingencia de una pandemia todavía mayor y de alcances devastadores: vivimos la sociedad del conocimiento mercantilizado, pero sobretodo covid-19 nos ha mostrado que estamos en la crisis profunda de las pedagogías mistagógicas, de las pedagogías tutoriales, de los pedagogos quienes acompañan a quienes saben que se educa desde el corazón y que la experiencia pedagógica es un arte. Sin duda que algo falta y algo sobra.

Los maestros estamos motivados, los alumnos siempre aprenden y Covid-19 nos ha permitido entender que la adaptación posibilita otra Escuela, a pesar de las inequidades, desabastos, confusiones, desventajas o emociones de una escuela pública, cuyas políticas educativas y actores políticos en general, se muestran incapaces de responder a una nueva normalidad.

Concluyo comentándote a ti maestro, padre o madre de familia, tutor o ciudadano interesado en la educación de las nuevas generaciones: si a estas alturas aun crees que debe pasar el confinamiento en casa para regresar al aula a recuperar "el tiempo perdido" "a que aprendan" "a que cubran lo mínimo indispensable del programa oficial"…creo que algo te falta y algo te sobra.

Referencias

Barker, S. (2020, March 27). How to Become an Influencer – A Beginner's Guide . Retrieved from Shane Barker: https://shanebarker.com/blog/how-to-become-an-influencer/

CNN. (2020, 04 21). Presentador de TV Azteca arremete contra subsecretario de Salud de México. Retrieved from CNN Videos: https://www.cnn.com/videos/spanish/2020/04/21/mexico-javier-alatorre-tv-azteca-hugo-lopez-gatell-amlo-fernando-del-rincon-conclusiones.cnn

Dalsgaard, C., & Gislev, T. (2019). New Educational Formats for Professional Development: Accommodating the Invisible Learners. In J. J.-T. Allison Littlejohn, Networked Professional Learning. Emerging and Equitable Discourses for Professional Development. Springer, Cham.

Dirección General del Bachillerato . (2016, 09). Lineamientos para la evaluación y registro de competencias genéricas. Retrieved from Dirección General de Bachillerato: https://www.dgb.sep.gob.mx/informacion-academica/otros/Lineamientos_Competencias_Genericas_vf.pdf

Ghaffarzadegan, N., Larson, R., & Hawley, J. (2017). Education as a Complex System. Systems research and behavioral science, 34(3), 211–215.

INEE. (2019, Agosto 13). La Nueva Escuela Mexicana. Retrieved from Secretaría de Educación Pública : https://www.inee.edu.mx/la-nueva-escuela-mexicana/

Issensee, L. (2020, April 2). Houston Public Media. A Service of the University of Houston. Retrieved from 5 Tips From Homeschool Veterans For Parents New To Learning At Home: https://www.houstonpublicmedia.org/articles/news/2020/04/02/365816/5-tips-from-homeschool-veterans-for-parents-new-to-learning-at-home/

Lawrence, O. G. (2017). Our shared vulnerability to dangerous Pathogens. Medical Law Review, 25(2), 185-199.

Mitra, S. (2014). SOLE Toolkit. Retrieved from Newcastle University: https://s3-eu- west-1.amazonaws.com/school-in-the-cloud-production-

Rix, S., & McElwee, S. (2016). What happens if students are asked to learn Geography content, specifically Population, through SOLE? Other Education: The Journal of Educational Alternatives, 5(1), 30-54.

Rodriguez, A. (2019). Educadores Líderes desde un enfoque preventivo, Mexico: IMGRA.

SEP. (2020, abril 20). Aprende en casa. Retrieved from Aprende en casa: https://www.aprendeencasa.mx/aprende-en-casa/niveles/inicial/index.html#

SEP. (2020, April 29). Educacion Básica. Retrieved from Secrtaría de Educación Pública: https://educacionbasica.sep.gob.mx

SUN. (2019, Abril 2). En México, 74 millones de personas tienen acceso a Internet. Retrieved Abril 2020, from El Informador: https://www.informador.mx/tecnologia/En-Mexico-74-millones-de-personas-tienen-acceso-a-Internet-20190402-0106.html

WHO. (2020, April 29). Alocución de apertura del Director General de la OMS en la rueda de prensa sobre la COVID-19 celebrada el 29 de abril de 2020. Retrieved April 2020, from Discursos del Director General de la OMS:

https://www.who.int/es/dg/speeches/detail/who-director-general-s-opening-remarks-at-the-media-briefing-on-covid-19---29-april-2020

Worldometer. (2020, May 20). Coronavirus. Retrieved April 2020, from COVID-19 CORONAVIRUS PANDEMIC: https://www.worldometers.info/coronavirus/

Xue, Y., & Larson, R. (2015). STEM crisis or STEM surplus? Yes and yes. Monthly labor review, doi: 10.21916/mlr.2015.14.

Zainuddin, Z., & Halili, S. (2016). Flipped Classroom Research and Trends from Different Fields of Study. International Review of Research in Open and Distributed Learning, 17(3), 313-340.

Alejandro Rodríguez Rodríguez

HERRAMIENTAS DIDÁCTICAS

Después de este recorrida hacía falta una propuesta didáctica que proporcionara guías muy sencillas y aplicables al contexto educativo formal y no formal, frente a los cambios que se avizoraban frente a una pandemia que llevaba meses y un elevado número de muertes. Los nuevos protocolos de distanciamiento social, cubre-bocas, limpieza continua de espacios utilizados en reuniones, la limitación en el número de personas reunidas, etc.

La estrategia nemotécnica fue utilizar estrategias cuya letra se vinculara con el concepto propuesto como clave. Así se presentan tres estrategias, a la Revista Javeriana que en Colombia ha circulado ininterrumpidamente desde 1933. El texto es pensado en difusión ágil y centrada en docentes y padres de familia principalmente. Lleva por título "Tres estrategias docentes para tiempos de pandemia y más allá".

Tres estrategias Docentes para tiempos de pandemia y más allá

Revista Javeriana 865, Tomo 156, Año 87
Universidad Javeriana, Colombia

La sociedad toda, y la escuela en especialmente en nuestro continente, se ha visto afectada por la pandemia de Covid-19 con las consecuentes restricciones sanitarias y protocolos de seguridad. Hoy, los profesores de todos los niveles educativos, pero más en niveles básicos, requieren con urgencia estrategias que le permitan vivir, ser relevantes y continuar con la labor de aprendizajes significativos para la vida de muchos estudiantes pues sabemos, mejor que nunca, quienes hemos vividos semanas de confinamiento, que un factor clave para asegurar la calidad educativa y el aprendizaje significativo es la labor del profesor en al aula. Solo que hoy el aula está considerada como una ventana más en el mundo virtual. Ello me lleva a reflexionar en tres estrategias pedagógicas que quieren ayudar a humanizar y mejorar la calidad de vida del profesorado con la consecuente mejora de la escuela en las "nuevas normalidades" (contextualizadas y locales) desde nuevas aproximaciones al hecho educativo.

Estrategia A(daptación) o de la Positividad Docente.

Es un hecho que la escuela se ha mostrado transparente con la pandemia, es decir, mostró lo que teníamos de fortalezas (docentes, horarios, espacios, actividades) y debilidades (TIC y TAC, relevancia en redes, manejo de plataformas).

Te invito, a ti educador, visualizar el gozo de enseñar y aprender. Conviene volver a hablar de la alegría de compartir tiempo, profesión y vida en sana y armoniosa convivencia —online o no—, de donde fluye el sentimiento de alegría. La cual es también una expresión de la benevolencia en su sentido más cercano al origen: querer el bien del otro y querer el bien de sí mismo racional, emotiva y psicológicamente.

¿Podemos los docentes adaptarnos? Me atrevo a decir que sí, con la estrategia A, que significa:

- Hacer de tus intervenciones, en el proceso de aprendizaje, respuestas innovadoras a las aportaciones de los alumnos desde sus necesidades, intereses e indagaciones.

- Una respuesta a contribuciones no previstas de los estudiantes (desde distracciones intencionales hasta intervenciones de otro tipo –familia, mascota– durante la sesión en línea), una respuesta a una situación no contemplada en el plan de clase (momento emocional de alguno de tus alumnos, interrupción de algún adulto presente) o una respuesta a la postura clara de alguien en la sesión que propone un sesgo a lo planeado (pensado o espontáneo).

- Armonizar lo que parece opuesto o contradictorio, logrando hacer coincidir perspectivas divergentes, permitiendo emparejar inequidades u horizontes diversos seleccionando lo mejor de cada posibilidad, combinando en modos creativos y estimulantes las experiencias de aprendizaje que se presentan en lo cotidiano de la vida y en lo no planeado de la existencia.

- Un modo creativo de innovar lo dado con cambios significativos en las prácticas de aprendizaje. Considerando maneras innovadoras de acercarse al aprendizaje (casos a estudiar, investigación de campo, experiencias cercanas a la vida del estudiante), reelaborando instrucciones en el momento mismo de conocer las necesidades de los estudiantes (improvisas si no conoces, innovas si sabes), el contexto, la acción pedagógica más conveniente (panel, lluvia de ideas, debate), tu propia persona en actitud de respuesta a las necesidades únicas del momento (empatía, colaboración, conectividad). Las experiencias de aprendizaje, si lo son, serán siempre co-creadas y co-construidas, no unilateralmente planeadas ni unipersonalmente construidas. De hecho, una excelente planeación garantiza una excelente adaptación. Sabemos que, si tienes expertise en los contenidos, innovarás mientras improvisas, de lo contrario improvisarás sin intencionalidad educativa.

La estrategia A(dapatación) con innovación requiere de los docentes:

1. Poseer un sólido conocimiento y estrategias pedagógicas conocidas y en dominio de ellas.
2. Un entendimiento consistente de la valoración de sus estudiantes en sus alcances, metas, logros, límites y posibilidades.
3. Una respuesta sensible, en sintonía y adecuada a las necesidades de los estudiantes. Somos humanos en interacción de sentidos y significados.

Como sugerencia, propongo regresar a la escuela innovando. Es decir: Promueve la indagación, debate, discusión e investigación acerca de las preguntas generadas por tus mismos estudiantes.

1. Desarrolla estrategias pedagógicas que sean colaborativas (casos en la comunidad, por ejemplo: seguridad, comercio, costo de vida, transporte, calidad de aire, etc.).
2. Activa el conocimiento previo que cada estudiante posee (no lo aprenden todo en la escuela), lo aprendido en casa es aprendizaje que en ocasiones requiere precisión.

3. Genera un plan de clase en el momento en que se enseña ello requiere que tengas muchos recursos previos de lectura, reflexión y experiencia.

4. Intenta una verdadera experiencia de aprendizaje anclada en las preguntas, intereses y maneras de entender de los estudiantes, se requiere diálogo, disciplina, paciencia y agilidad mental.

5. Modifica tus conocimientos y experiencias a las situaciones concretas. Esto requiere de mucha lectura previa, indagación crítica y colaboración de compañeros con conocimientos en las diversas temáticas.

6. Planea para una carrera de 100 metros no para un maratón. Poco e intenso, mucho respaldo, pero dosificado, actual y relevante.

7. La educación enfrenta la disyuntiva más clara hoy de apostar por la utopía de la humanidad en armonía y vida plena, o continuar el curso de los acontecimientos como espectadora de una sociedad que en muchos momentos parece buscar la distopía. Si logras visualizarte adaptando e innovando, querido profesor, serás un docente con una intencionalidad que saca lo mejor de cada persona en todos los aspectos, circunstancias y decisiones tocando vidas y transformando mentes y corazones, porque a fin de cuentas…educar es cosa del corazón.

Recomiendo que disfrutes en la red el Flash Mob Mariachi Plaza Mayor Madrid España o el Flash Mob Sabadell (Himno a la Alegría). Nutre la vida profunda.

Estrategia B(lended Learning) o de la Proyectividad Docente.

La experiencia de los meses pasados nos ha hecho transparente la escuela: las plataformas en línea se vieron rebasadas, desfasadas, anquilosadas. Las directrices de quienes se mueven a nivel oficina se mostraron inoperantes, controladoras, ausentes. Las herramientas digitales en las páginas oficiales sirvieron para hacer del adulto en casa el responsable de las tareas asignadas al estudiante, nada de retroalimentación solo proveedoras de contenidos, algunas actividades y mucha provisión de información desarticulada.

El intento de los docentes que estamos motivados a acompañar procesos de formación nos ha permitido concluir lo más decente posible este ciclo escolar. Sabemos que hay padres, madres de familia y tutores viviendo situaciones difíciles para el aprendizaje, también sabemos que nosotros improvisamos y descargamos información para salir al paso saturando a quien debía cumplir con la tarea: el adulto en casa. Pero viene el ciclo escolar siguiente y no nos merecemos, nadie en la sociedad, seguir sufriendo improvisaciones. Sabemos que Google classroom, Zoom, FB Live, etc., son una plataforma, no es el docente ni es la solución integral para una buena educación. Además, queda la suspicacia por ser la plataforma de una empresa cuyos dividendos provienen en mucho de la Big Data. De ahí que propongo la segunda estrategia, la estrategia B(lended Learning).

En este regreso a clases la estrategia de aprendizaje mixto en su aproximación más neutra es una propuesta que combina las experiencias cara a cara y online, idealmente una y otra se complementan utilizando las fortalezas de cada una. El estudiante aprende en parte en espacios supervisados y en parte en línea donde ella o él tiene cierto control sobre tiempo, lugar, modo y ritmo de su propio aprendizaje.

Dicha estrategia quizá suene imposible, pero creo que vale la pena intentarlo, ya que hay experiencias que sugieren que funciona bien. Mi interés es brindar escenarios posibles de adaptación e innovación.

Posibilidades de la estrategia B, de acuerdo con el contexto propio de cada docente:

1. Cara a cara. Donde el seguimiento y cumplimiento del currículo mayormente se realiza en espacios escolares, encuentro personalizado y seguimiento continuo. El apoyo en los elementos en línea son solo para suplir algo o remediar algún detalle que se pasó en clase.

2. Rotacional. Alternación de encuentros de tutoría personalizada y experiencias de aprendizaje en línea. El encuentro con cada alumno debe ir acompañado de un seguimiento previo y posterior en línea.

3. Flexible. A través de las plataformas virtuales se realiza mucho del trabajo docente, pero se puede flexibilizar y complementar con tutorías a pequeños grupos, especialmente para aquellos estudiantes que requieran especial énfasis por parte del docente.

4. Laboratorios On-line. Esta opción puede ser especialmente favorable para cuando no hay suficientes maestros con expertise en el tema. En esta modalidad, las clases se imparten en línea y se asiste a la escuela solo para completar las prácticas o para reforzar los conocimientos. En este caso, los

docentes no tienen que estar presentes si no les es posible, pueden apoyarse de los auxiliares encargados del área.

5. Auto mezclado. El estudiante toma clase en línea más allá de contenidos curriculares marcados para el grado que cursa, sin tutoría, y se inscribe en aquellos conocimientos de los cuales está interesado y le complementan extracurricularmente. Nunca es presencial.

6. Conducido en línea. Se tiene un encuentro personal al inicio del curso, Si el estudiante mantiene un promedio de al menos 7 sobre 10 durante el ciclo, el estudiante es libre de completar sus cursos online y remotamente, aunque queda abierta la posibilidad de utilizar computadores en las instalaciones escolares.

Algunas ventajas ya probadas:

1. Se puede lograr una pedagogía mas consistente y personalizada que permite a cada estudiante trabajar a su propio ritmo.

2. Profesores más relevantes frente a tiempos más acotados por situaciones sanitarias o espacios mas reducidos por nuevas normativas de distanciamiento seguro.

Para los docentes que quieran hacer una inmersión experiencial del blended learning, los cursos abiertos masivos en línea (MOOC) ofrecen un ejercicio de conexión global, retroalimentación, estructura con diseño instruccional, costos reducidos, acceso a conocimientos globales al alcance la mano, aprendizaje continuo y mucha flexibilidad. Además, muchos de estos cursos son gratuitos.

Como conclusión, el éxito y la relevancia de este tipo de cursos se logra cuando hay contenidos que inspiran a aprender más; experiencias interactivas que llevan a muchos a hacer más; impacto más allá de la clase que provoca a saber hacer más y motivación intrínseca que involucra a muchos en la resolución de problemas propios y de la comunidad. Si esto se une a las mejores posibilidades del aprendizaje cara a cara (personalización, seguimiento, encuentro, interacción inmediata, socialización) estoy seguro de que la motivación para el regreso a la escuela será asertivo, como lo es el punto de partida de un docente motivado. Es decir: cada estudiante posee en sí mismo energía positiva que puede transformar el mundo y, dicha energía —lo afirmo convencido—, se vuelve garantía de un mejor futuro.

Recomiendo un video interesante e ilustrativo en TED Talks: Blended Learning de Monique Markoff.

Estrategia C(omunidad de indagación) o de colaboración pedagógicamente intencionada

Debido a la Covid-19, muchos de los ciudadanos dos dimos cuenta de una cosa: ni lo sabemos todo, ni lo podemos todo, ni lo tenemos todo. Nos necesitamos unos a otros. Incertidumbres, ansiedades, miedos, enojos, divorcios y reencuentros nos han permitido, en esta cuarentena, entender un poco más que la afirmación "nosotros" exige integrar al otro que aún no forma parte de ese nosotros y eso no es fácil. Somos vulnerables, limitados, inacabados, necesitados de casi todo y de la ayuda de muchos. De ahí la tercera estrategia que propongo.

La estrategia C, donde las comunidades de indagación consideran que el aprendizaje es un proceso social en el cual, a través de la imitación e interacción con otros (en este caso nuestros pares, nuestros estudiantes y ciertos modelos ideales de desempeño), somos capaces de construir conocimientos, sentimientos y valores que no construiríamos en el mero ejercicio del pensamiento individualizado. Si trasladamos esto a la enseñanza online podríamos considerar tres presencias necesarias para una comunidad que indaga. Es decir:

1. Una presencia social se logra cuando en el aprendizaje en línea eres percibido como "persona real" porque logras relaciones interpersonales donde los estudiantes descubren un propósito común y una posibilidad real de indagación en grupo; "persona real" si, apoyándote en la comunicación efectiva, abierta y focalizada, generas cohesión de grupo. Ambas cosas te ayudarán en la cohesión grupal en la red, pues dicha cohesión requiere focalización intelectual (que sepas dirigir y, al mismo tiempo, acompañar casi como un entrenador deportivo: presente, pero desde la línea de campo) y respeto al proceso individual. El propósito de la presencia social en un contexto educativo es crear las condiciones para la investigación y la interacción con diálogos reflexivos y articulados con el fin de lograr, en conjunto, objetivos educativos valiosos.

2. Una presencia cognitiva se define en términos de un ciclo de indagación práctica donde los estudiantes se mueven deliberadamente desde la comprensión del

problema, necesidad o dificultad hasta la exploración, integración y aplicación de conocimientos y/o buenas prácticas. La integración y la resolución son más exigentes que la exploración y, por ello se requiere un mayor tiempo para la reflexión propia y de los estudiantes.

3. Es importante recordar aplicar los cinco procesos de resolución de problemas (comprensión del problema, creación de conocimiento, identificación de soluciones, evaluación de soluciones, actuación sobre soluciones).

4. La presencia docente tiene tres momentos: diseño, facilitación e instrucción directa. Cuando preparas tu clase estás haciendo un pre-diseño instruccional, es necesario y ello brinda estructura, orden y facilita la construcción de conocimiento. La facilitación es importante pues implica no dominar el discurso y, al mismo tiempo, estar preparado para proporcionar aportes cruciales que garanticen que la comunidad avanza hacia la resolución de lo que se averigua. Como experto en la materia, además de facilitar información relevante se requiere instrucción directa cuando percibes percepciones o conceptos erróneos para que el resultado indagatorio se logre. Es un equilibrio delicado y desafiante —facilitar e instruir— del cual un maestro experimentado debería ser muy consciente pues en ocasiones es necesario hacerles ver los supuestos que hay detrás de sus opiniones, las debilidades o fortalezas que hay en sus razonamientos, pedirles evidencia a favor de lo que afirman y hacerles ver también las consecuencias que

se derivan de sus decisiones. Muy útil resulta recordar el Cono del Aprendizaje de Edgar Dale.

Juntas de consejo, reuniones espontáneas de academia, momentos de capacitación, el trabajo en y para la comunidad son experiencias de comunidad ya ganadas en calendario y que pueden ser posibilidades de una comunidad de indagación. Algunas preguntas para calentar motores en esta nueva posibilidad de generar, fortalecer y enriquecer una comunidad de indagación: ¿Qué pasaría si...?, ¿Qué podríamos hacer, pensar, decir...? ¿Qué piensas de...? ¿Por qué piensas que...? ¿Cómo podríamos...? ¿Cuál es tu predicción de lo que pasará respecto a...? ¿Qué piensas al respecto de...? ¿Dónde piensas que...? ¿Cómo hiciste para...? ¿Por qué hiciste...? ¿Cuando tu...., qué piensas al respecto de ello? ¿Si tú pudieras..., qué piensas al respecto? ¿Cómo sería si...? ¿Qué más se requiere para...?

Para finalizar, debemos recordar que hablar y escuchar son elementos propios de un diálogo e implican reciprocidad, tolerancia y respeto, además de la comprensión del sentido de lo dialogado y la construcción del significado que está en juego. Los seres humanos modelamos el mundo, lo pronunciamos y lo transformamos a través de la palabra compartida. Esto implica ver a los demás como interlocutores válidos, debemos creer en ellos y al mismo tiempo, ser críticos.

Una recomendación: lee nuevamente El Principito. Provocará a tu amígdala cerebral.

Alejandro Rodríguez Rodríguez

LA PERSONA DEL DOCENTE EN LA COMO EL AMBIENTE DE APRENDIZAJE

El ambiente de aprendizaje es un tema que es importante en cualquier experiencia educativa. ¿Cómo generar un ambiente de aprendizaje óptimo? ¿Qué determina la calidad de un ambiente de aprendizaje? Mi reflexión me lleva a plantear la posibilidad de considerar a la persona como el ambiente de aprendizaje, en este caso, la persona del educador. Arraigado en el humanismo y dialogando con las diferentes escuelas de aprendizaje y de pedagogía, me atrevo a acercar elementos para continuar la profundización de la riqueza de la persona en contexto educativos intencionados. Surge entonces esta reflexión publicada por la Revista Vitam, Revista de investigación en humanidades de la Universidad Salesiana en su No. 3 de Octubre-Diciembre de 2019.

El profesor universitario motivado: la condición para ambientes de Aprendizaje.

Revista Vitam, Revista de investigación en humanidades No. 3 de Octubre-Diciembre de 2019. Universidad Salesiana México

Abstract

El presente escrito centra su atención en la persona del docente universitario motivado como la expresión máxima de ambientes de aprendizaje significativo. Es una reflexión teórica que pretende valorar los rasgos de intencionalidad, comunidad de aprendizaje y humanización presentes en el profesor universitario y los cuales se conjugan para el logro de aprendizajes significativos. Hoy el horizonte de la educación, a juicio del autor, ha dejado a un lado la labor del educador intencionadamente propuesta, inteligentemente acompañada y responsablemente asumida. La política educativa internacional estandariza el aprender cuando ésta es una experiencia intencionada, en comunidad, compleja, siempre en proyección e inacabada. Formar el criterio de la mente y el corazón del educador-experto es formar a quien sabrá decidir y actuar con criterios intencionalmente educativos en los momentos en que asuma el papel de líder en medio de los otros considerando la benevolencia, familiaridad, confianza, empatía como elementos clave de un educador capaz de proponer procesos de humanización posibles. El docente motivado es el ambiente de aprendizaje porque encarna en la propia vida lo que propone, de lo que está convencido, aquello que es su vocación porque una vida sin expresiones continuas de donación es una vida sin sentido.

Palabras Clave: Ambiente educacional, Docencia, Educación Superior, Preventividad.

This paper focuses on the person of the motivated professor as the maximum expression of significant learning environments. It is a theoretical reflection that aims to assess the traits of intentionality, learning community, and humanization present in the educator. Factors that combine to achieve significant learning. Today the horizon of education has left aside the work of the educator intentionally proposed, intelligently accompanied, and responsibly assumed. The international educational policy standardizes learning when it is an intentional experience, carried out in community, complex by itself, always in projection, and unfinished. To form the criterion of the mind and heart of the educator-expert is to train those who know how to decide and act with intentionally educational criteria. The leader educator is called to consider benevolence, familiarity, trust, empathy as key elements of effective learning. Motivated professors are the learning environment because they embody in their own lives what they propose, what they are convinced of, what their vocation is, because a life without continuous expressions of donation is a life without meaning.

Introducción

El ser humano, como cualquier ser vivo, es un todo integrado que constituye un *suprasistema dinámico*, formado por muchos subsistemas perfectamente coordinados y en homeóstasis constante: el subsistema físico, el químico, el biológico, el psicológico, el social, el cultural, el ético-moral y el espiritual tienden a la armonía cuando las condiciones de su medio se lo exigen. Todos juntos e integrados constituyen la personalidad, y su falta de integración o coordinación desencadena procesos patológicos de diferente índole: orgánica, psicológica, social, o varias juntas (Martínez, 2009). La motivación considera los procesos que energizan y dirigen la conducta y estos emanan tanto de fuerzas internas en el individuo -necesidades, emociones, cogniciones-, como de sucesos en el ambiente, en la sociedad y/o en la cultura que atraen o repelen al individuo a participar o no en una acción específica (Reeve, 2017).

En el contexto educativo, intentar la armonía en y de los actores del proceso educativo, provoca que se considere el ambiente de aprendizaje como clave del futuro de la educación en todas sus expresiones, es decir, formal, informal, digital, no presencial, etc. Cuando los docentes modelan y nutren una manera de ser que enfatiza los beneficios y la satisfacción derivados del aprendizaje podemos afirmar que *el* ambiente de aprendizaje es la persona misma del docente.

El presente escrito centra su atención en la persona del docente motivado. Intenta valorar los rasgos de intencionalidad, comunidad de aprendizaje, eficacia y humanización. La individualidad y personalidad de los sujetos en la experiencia del aprendizaje son clave para proponer metas y fines educativos intencionadamente diseñados puesto que aprender no es una carrera de velocidad o una prueba atlética de resistencia. Tampoco es una competencia por un lugar en el *pódium* del aprovechamiento porque el éxito escolar comparado con estándares no debería ser el parámetro de la experiencia de aprender. Menos aún debería ser una marca mínima o máxima en una prueba sea apreciativa, "objetiva" o valorativa.

Docente, estudiante, espacios físicos y virtuales, relaciones interpersonales, proyectos de vida son factores clave en la consolidación y mejora del ambiente de aprendizaje considerado en su más amplia acepción.

Ambiente: etimología y significado

La palabra ambiente, según la Real Academia de la Lengua Española (2019), procede del vocablo *ambiens, ambientis,* "que rodea", del latín *ambiens, ambientis* 'que rodea', participio activo de *ambire* 'rodear, cercar', 'pretender'.

Tiene varios significados entre los que se encuentran: 1) dicho de un fluido, que rodea a un cuerpo o circula a su alrededor. 2) aire o atmósfera que se respira o rodea a los seres vivos. 3) Conjunto de circunstancias o factores físicos, químicos y biológicos que rodean a un ser vivo e influyen en su desarrollo y comportamiento. 4) Conjunto de circunstancias o factores sociales, culturales, morales, económicos, profesionales, etc., que rodean una cosa o a una persona, colectividad e influyen en su desarrollo o estado. 5) Condiciones y características que rodean o caracterizan un lugar, colectividad o época. 6) Situación o circunstancias que envuelven un lugar provocando una sensación general determinada. 7) Grupo o sector social de un período histórico, un medio social o un lugar determinados. 8) Situación alegre y lúdica producida por la concurrencia de gente en un lugar con motivo de una celebración, fiesta, etc. 9) Disposición de un grupo social o de un conjunto de personas respecto de alguien o de algo. 10) Se configura en la actitud de un grupo social o de un conjunto de personas respecto de alguien o algo con base en prácticas culturales que concurren en un determinado tiempo y lugar, e influyen en el modo de ser, de pensar, de actuar del ser humano, dando forma al ambiente social en que se desarrolla.

El acercamiento etimológico permite considerar que el ambiente tiene influencia en las actividades del ser humano pues considera elementos extrínsecos al organismo pero que de algún modo actúan sobre él. También el ambiente involucra todo aquello que rodea al ser humano, lo que puede influenciarlo y puede ser influenciado por él. El ambiente, así considerado se conforma por las circunstancias físicas, biológicas, sociales, culturales, psicológicas que rodean a una persona y se interrelacionan favoreciendo o dificultando la interacción social (García-Chato, 2014; Duarte, 2003).

El ambiente como actitud puede ser considerado como un sistema integrado por un conjunto de elementos que inter-actúan entre sí y provocan la sistematización de valores, fenómenos, procesos naturales y sociales que condicionan, en un determinado tiempo y espacio histórico, la vida y el desarrollo de las personas involucradas. Dewey (1995) afirma que el ambiente "forma la disposición mental y emocional de la conducta en los individuos, introduciéndolos en actividades que despiertan y fortalecen ciertos impulsos; que tienen ciertos propósitos y provocan ciertas consecuencias" (p. 6). Las personas generan un ambiente desde ellas mismas con base en sus creencias, mitos, aspiraciones, mediante los cuales expresan formas de convivencia, tabúes, deportes, ritos religiosos y formas de apropiación de prácticas culturales. Factores todos que influyen en la aceptación del conocimiento nuevo que se genera, y dichos factores, a su vez, pueden impactar en la expresión de ideas o en la influencia decisiva de las mismas en la mentalidad del ser humano tanto en su relación laboral, familiar y escolar. Así, el ambiente social como actitud es polifacético, ya sea por las relaciones y características psicosociales de los sujetos que forman parte de él, o sea así por las prácticas sociales que establece el ser humano en su contexto propio.

Ambiente de aprendizaje

La Secretaría de Educación Pública (SEP), en la reforma del 2011 consideró que el ambiente de aprendizaje era "el espacio donde se desarrolla la comunicación y las interacciones que posibilitan el aprendizaje" (p. 141). Desde esta concepción de ambiente de aprendizaje, el aula debería ser vista como espacio ordinario de punto de encuentro de alumnos y docentes, que constituyen un escenario vivo de interacciones sociales donde docente y educando intercambian, explícita o tácitamente, ideas, valores e intereses (Sacristán, 2008). El ambiente incluye los objetos, olores, formas, colores, sonidos y personas que habitan y se relacionan dentro de un marco o espacio físico que lo contiene todo y, al mismo tiempo, es contenido por todos estos elementos que laten dentro de él como si tuviesen vida. El ambiente «habla», transmite sensaciones, evoca recuerdos, da seguridad o inquieta, pero nunca deja indiferentes al estudiante y al docente.

Según Cuellar (1992), Fröebel considera que el aula debe ser un ambiente de aprendizaje que posibilite el desarrollo afectivo e intelectual del estudiante. Las hermanas Agazzi siguiendo las intuiciones de Comenio (Polanco,2004) consideran que el ambiente de aprendizaje es un instrumento para promover el aprendizaje del estudiante; ellas proponen que debe ser un ambiente parecido al de una casa. Montessori (1957) plantea que la inteligencia del niño funciona unida a los sentidos y aprende por medio del movimiento y acción. Con base en esa observación crea el método basado en la preparación de un ambiente del aula rico en materiales indispensables para el ejercicio de los sentidos, con el cual pretendió que los menores con o sin ninguna anomalía ejercitaran sus sentidos, desarrollaran su autonomía y autoaprendizaje.

Otro punto clave del ambiente de aprendizaje del aula es el aspecto social, las relaciones interpersonales que establece el educador con el niño. Montessori (1957) recomienda que, con el fin de que los niños confíen y acepten la guía del educador, éste debe:

- Asumirse como un guía que prepara el ambiente propicio para la educación del alumno y desarrollo de su personalidad, no como un enseñante.

- Estar atento a los intereses del niño a fin de proporcionar la ayuda necesaria para que el menor logre su aprendizaje.

- Generar una relación positiva con los niños, basada en una relación de amor.

- Valorar los logros del menor.

- Estimular y orientar las actividades espontáneas del niño, desalentando el comportamiento que pueda bloquearlas.

- Estructurar el proceso de enseñanza con base en los intereses y necesidades del alumno.

- Tomar en cuenta que el proceso de aprendizaje del niño se va dando en relación al desarrollo de su personalidad humana, es decir, conforme a sus procedimientos mentales.

El ambiente de aprendizaje se forma por el conjunto de percepciones de los diferentes miembros o grupos sobre el funcionamiento y dinámica en el aula principalmente, en la cual se generan actitudes, creencias, posicionamientos, formas de pensar y de actuar que confluyen en los miembros en su participación, responsabilidad y compromiso según su proceso de aprendizaje, intereses, necesidades. Cada grupo humano, con su propia personalidad, configura el ambiente de aprendizaje.

El docente debería ser sensible al comportamiento del individuo en el grupo para modificar y adaptar la personalidad de cada uno de los miembros y la dinámica grupal en sí, pues el ambiente de aprendizaje es un entorno intencionalmente dispuesto por el docente para influir en la vida y en la conducta del educando (Loughlin y Suina, 1997); pues el estudiante utiliza sus herramientas y artefactos para recoger e interpretar información en interacción consciente con los otros, buscar recursos para dar sentido a las ideas propias o compartidas y construir soluciones significativas para los problemas a solucionar (González y Flores, 1999).

El ambiente de aprendizaje depende del nivel de familiaridad. En el contexto preventivo propuesto por Juan Bosco (1815-1888) la familiaridad como ambiente educativo es un ambiente artificial que se vuelve casi natural. El núcleo familiar se genera en los espacios educativos al intencionadamente proponer que el docente con toda su persona y sus recursos personales esté con los educandos y con actitud de disponibilidad a escucharles, ubicándose a su nivel y nutriéndoles de esperanza, haciendo las cosas que les gustan sostenido por la confianza en el bien que los demás poseen en sí mismos, confiando en ellos porque el amor educativo se alimenta garantizando la confianza mutua. Familiaridad como ambiente porque se comparten los deseos más nobles y genuinos que albergan los corazones, porque se viven los sueños en la pedagogía de la posibilidad, porque no se es ingenuo de la realidad humana y se solidariza en las tristezas y se alimentan las expectativas de mejor calidad de vida.

Rodríguez (2018) considera que una forma de lograr un mejor proceso de personalización es la creación de una atmósfera de familiaridad, un ambiente relacional donde los factores que sustentan el núcleo familiar se viven y se *respiran*: cuidado, nutrición, respeto, donación, amor, paciencia y libertad. El amor debe ser recíproco y en libertad de expresión, no puede ser un amor que sofoca o es omnipresente al grado de destruir lo que dice proteger (efecto de padres "helicóptero"). El respeto por la persona educada es fundamental para permitir el logro de sus mejores posibilidades en el ritmo y modo que mejor le convenga a su individualidad. La paciencia sin la cual el fruto de la maduración humana corre el riesgo de mal-lograrse, porque el tiempo es mayor que el espacio (Francis, 2013a). La confianza en los recursos internos de bondad del ser humano, en la dinámica interna de búsqueda de lo mejor, la pasión de ser sujeto de amor y posibilidad de realización en el entendido de que el amor es un regalo recibido y que se vive en un mundo imperfecto pero llamado a ser mejor a través de la fuerza de ese mismo amor en actitud de donación.

Herrera (2006) afirma que "un ambiente de aprendizaje es un entorno físico y psicológico de interactividad regulada en donde confluyen personas con propósitos educativos" (p. 2). Se adiciona que "el papel real transformador del aula está en manos del maestro, de la toma de decisiones [que este realice], ... de la apertura, la coherencia entre su discurso [y la manera de actuar] ... y de la problematización y reflexión crítica que él realice de su práctica" (Duarte, 2003, pp. 104-105).

Desde la teoría del campo de Lewin (2012), el espacio vital es ambiente capaz de generar conductas, es decir, el conjunto de objetos o procesos del mundo externo significativos para el individuo en un momento dado. El cambio de conducta se identifica o se constata a partir de la observación (cambios corporales) o de la introspección (cambios en los pensamientos, creencias, etc., que también son conductas). Para que el individuo modifique su conducta por influencia del ambiente han de darse por lo menos dos condiciones: a) el individuo debe recibir un estímulo del entorno, y b) el individuo debe modificarse él mismo para poder responder luego con una conducta.

Docente motivado

La motivación mira por aquellos procesos que dan energía y dirección al comportamiento y que responden a estímulos correspondientes a las necesidades fisiológicas, psicológicas o sociales principalmente. Donde la energía implica que la conducta es relativamente fuerte, intensa y persistente. La dirección implica que la conducta tiene propósito, que se dirige o se guía hacia el logro de un objetivo o resultado específico.

Las necesidades son condiciones esenciales y necesarias dentro del individuo para conservar la vida y para nutrir el crecimiento y el bienestar, aunado a ellas están la competencia y la pertenencia. Las cogniciones son sucesos mentales (pensamientos, creencias, expectativas y auto-concepto). Las fuentes cognitivas de la motivación tienen que ver con la manera de pensar del individuo (planes y metas, creencias y expectativas, el self). Las emociones son fenómenos subjetivos, fisiológicos, funcionales y expresivos de corta duración que preparan al individuo a reaccionar en forma adaptativa a los sucesos importantes en su vida. Las emociones organizan y dirigen los sentimientos (descripciones subjetivas, verbales de la experiencia emocional), la disposición fisiológica (modo en como nuestro cuerpo reacciona), función (lo que se quiere lograr en un momento determinado) y expresión (modo de comunicar la experiencia emocional).

Los acontecimientos externos son fuentes ambientales que se presentan como estímulos específicos o sucesos, como climas del entorno o situaciones generales o cultura en que se está inmerso. El suceso externo adquiere la capacidad de energizar y dirigir la conducta en la medida que indica que un comportamiento en particular tendrá la probabilidad de producir consecuencias.

Al ser la motivación es una experiencia privada, inobservable y aparentemente misteriosa es posible inferir la motivación en otra persona al observar las manifestaciones conductuales de la motivación (atención, esfuerzo, latencia, persistencia, elección, probabilidad de respuesta, expresiones faciales o ademanes corporales). Que en su conjunto evidencias el involucramiento cognitivo (estrategias, autorregulación), el emocional (interés, disfrute) y el conductual (atención, esfuerzo, persistencia).

Un docente motivado es garante, porque encarna y está convencido, de un ambiente de aprendizaje: a) es porque el docente intencionalmente combina elementos motivacionales directa o indirectamente, mira por generar desde su persona cultura que dé soporte al aprendizaje; b) un docente que conoce y atiende las necesidades esenciales que dan dirección y energía a sus alumnos -cercanía, familiaridad, confianza, acompañamiento-; c) un docente que educa desde lo positivo y hacia lo mejor -interviene para mejorar, siempre, a todos, en todo momento con convenientes intervenciones oportunas y personalizantes-; d) un docente que siempre propone retroalimentación -conoce procesos, interviene intencionalmente, genera autoconciencia, acompaña a la autoapropiación-; e) un docente que celebra el esfuerzo y los logros obtenidos apoyado en procesos motivacionales y valores que humanizan pues propone el esfuerzo, acompaña el logro, celebra el enriquecimiento personal que el proceso mismo genera; f) un docente que se encarna como espacio de encuentro, de aceptación y acogida, de apertura a los otros y de un ininterrumpido encuentro consigo mismo y con los demás.

Según la teoría del interés (Hidi y Renninger, 2006), el hecho de estar interesados en una actividad motiva a continuar la actividad cuanto sea posible. El interés puede ser detonado por intervenciones que enfatizan el valor de una tarea, y luego se desarrollan a medida que el individuo experimenta sentimientos positivos y llega a valorar dicha actividad aún más. Los intereses bien desarrollados pueden motivar el compromiso continuo con la actividad que se propone y/o se realiza. Por ejemplo el docente que recibe positivo feedback por pares y padres de familia en relación a una actividad, puede elegir continuar mejorando sus intervenciones pues la teoría del interés sugiere que los valores de la tarea pueden llevar a un interés más profundo, que luego puede influir en las decisiones posteriores (Harackiewicz, Barron, Tauer, Carter, and Elliot, 2000).

En la cuestión cognitiva de la motivación, es claro que las emociones no suceden sin una valoración cognitiva antecedente del suceso y, es la valoración, no el suceso mismo lo que ocasiona la emoción. De acuerdo con la teoría de la expectativa-valor de Eccles (2002), una persona elige asumir una tarea desafiante si la persona (1) valora la tarea y (2) espera que pueda tener éxito en la tarea basado ello en las creencias propias. Las creencias sobre el yo y las creencias sobre el valor de la tarea son importantes para predecir la elección, la persistencia y consecución.

El docente como ambiente de aprendizaje requiere que él mismo en su persona y en su acción garantice mejores resultados intencionalmente enganchando los contenidos enseñados, con las vivencias de quien aprende y las proyecciones a futuro de quien se relaciona con el docente; el docente se involucra desde quien es, en lo que enseña, pues vive la convicción de que lo que propone es lo mejor posible y lo más conveniente de enseñar para quien aprende (Eccles y Wigfield, 2002).

El docente es la motivación para aprender pues encarna lo que enseña, valora lo que hace mejor a la persona y propone experiencias significativas. El docente genera una atmósfera que garantiza en lo posible el sentido de estar bien, de confianza, de pertenencia y de seguridad.

El docente se implica personalmente en lo que trasmite vivencialmente, encarna lo que pretende trasmitir y propone intencionalmente los medios que ha de emplear para el logro de ese cometido. El recurso más valioso que se posee en cualquier experiencia de aprendizaje es el estudiante, su persona, su historia, su proyección a futuro, su contexto propio. Aunado a ello, al ser el aprendizaje multifactorial y complejo, demanda la existencia de condiciones externas ambientales mínimas.

Intencionado

La responsabilidad por y para con el otro debería ser el principio básico del actuar docente pues el encuentro con el otro resulta determinante para configurar un ambiente que trascienda tanto los modos de conocer y aprender, como los modos de actuar y socializar (Becerra et al., 2006).

Una interacción social se establece a partir de relaciones interpersonales, se regula por valores, ideas y sentimientos compartidos que dan lugar a relaciones de amistad, respeto, tolerancia mediante las cuales se propicia el desarrollo de la autoestima, el aprendizaje y la construcción del conocimiento sobre el mundo.

Intencionalidad que hace del docente ir más allá de lo dado y/o encontrado de modo consciente, inteligente, racional y responsable de los datos aglomerados extrínsecamente (aula, instrumentos, medios, estructuras). Sin embargo, a pesar de que va más allá, no deja nada atrás. Va más allá de lo que se agrega al conocer y educar a alguien y, cuando algo se ha añadido a lo previo conocido, se unifica por el paradigma de convergencia transdisciplinar. Un docente que pretenda generar ambientes educativos humanizantes no puede olvidar la intencionalidad de toda acción humana que es intrínseca a ella misma.

Aunado a la intencionalidad educativa, conviene puntualizar que un docente es parte de una comunidad que aspira a ser una comunidad donde el aprendizaje sea compartido, enriquecido mutuamente, construido colaborativamente, donde cada docente se sabe y siente responsable de la dinámica personal y grupal en la experiencia educativa, donde cada docente está llamado a ser y garantizar el aprendizaje ya que todo aprendizaje tiene valor intrínseco pues el aprendizaje es...aprender, todo eso y sólo eso. El planteamiento pues, pretende una convergencia multidisciplinar y sistémica del marco educativo en sus varias aristas el cual es requerido hoy en día para cualquier enfoque de gestión del aprendizaje integral indispensables para una ciudadanía democrática y la formación de líderes críticos (Giroux, 2011).

Constructivista

El papel del docente, en algunos teóricos de la teoría constructivista (Jenkins, 2000; Matthews, 2000), consiste en entender cómo los estudiantes interpretan el conocimiento para guiarles durante el proceso de adquisición y modificación del mismo. El docente debería de ayudar a refinar su comprensión e interpretación en nuevos esquemas mentales. La labor del maestro sería procurar corregir las concepciones erróneas que puedan surgir en los estudiantes en etapas temprana o previas. El docente estaría encaminado a mejorar la calidad de los conocimientos adquiridos. Para aplicar la teoría constructivista, según Alonso, López, Manrique y Vines (2005), debería ser diseñado e implementado un ambiente de aprendizaje para luego guiar, a través de un proceso de colaboración e interacción entre los aprendientes, a que el aprendizaje sea construido por el grupo en lugar de un solo individuo. No se descarta la labor del adulto o del experto, o del más avanzado en conocimientos aunque tampoco es enfatizado como lo considera la propuesta educativa donde el docente es modelo de valores y propuestas educativas encarnadas y sugeridas por convicción y vivencia.

Sin duda que hay factores que no puede ser controlados por el docente como puede ser las características personales o historia del aprendiente, pero si hay otros elementos que intencionalmente pueden ser favorecidos: tipo y nivel de relación interpersonal, la estructura de contenidos a aprender, las actividades y prácticas que se realicen, el uso de la tecnología y las aplicaciones que se utilicen, los métodos de seguimiento y evaluación, la propuesta axiológica intencional y consciente, acreditaciones, políticas institucionales, etc. Aunque no debe perderse de vista que el estudiante mismo, al final de un proceso acompañado, debería generar su propio ambiente de aprendizaje, ser él o ella el ambiente de aprendizaje. Una forma de lograr un mejor proceso de personalización es la creación de una atmósfera de familiaridad, un ambiente relacional donde los factores que sustentan el núcleo familiar se viven y se *respiran*: cuidado, nutrición, respeto, donación, amor, paciencia y libertad.

El docente se ubica como el sujeto que activamente y con definida intencionalidad educativa propone un ambiente de aprendizaje direccionando todos los recursos que posee en su persona y le son proporcionados en su entorno para la generación de atmósferas ricas en experiencias de aprendizaje significativo pues enseñar es para todos los alumnos, aún cuando el sistema o la sensibilidad social digan que para algunos no se haga. El docente provoca la generación y mejora contínua de estrategias de aprendizaje significativamente efectivas y eficaces. No es la habilidad de enseñar lo que falta hoy entre los docentes. Es la confianza obtenida de saber que lo que funciona para el logro del aprendizaje de un estudiante funciona para todos los estudiantes.

La perspectiva educativa que se propone es constructivista en el corazón pues favorece la búsqueda de incremento de valor y nuevos contenidos dentro de la forma ya existente de los modos de aprender. Los cambios que se pretenden, se realizan no sólo en lo que se conoce sino también en cómo se conoce y por qué se conoce (Kegan y Lahey, 2010). Los aprendientes se involucran en la "construcción de significado" donde la aplicación de conocimientos tiene prioridad sobre la adquisición y la enseñanza de hechos por sí solos pasando por: a) la activación de un proceso dinámico de vinculación afectiva propositiva y de mejora personal; b) el ejercicio mayéutico de preguntas; c) el planteamiento de problemas y su proceso de solución; d) la toma de decisiones personales y desde el grupo de referencia; e) el pensamiento crítico de orden superior y la reflexividad (Andere, 2017). Este mismo enfoque hace hincapié en la importancia de que aquel que sabe un poco más facilita la transferencia de la cultura para el enriquecimiento del sujeto que se encuentra con menos conocimiento y/o experiencia y pone de relieve la "comunidad de aprendizaje" como elemento clave para la transferir, reelaborar y crear la cultura a través del lenguaje.

De modo que el ambiente de aprendizaje, desde esta óptica, se diseña para desarrollar procesos intencionados de aprendizaje no accidentales ni casuales (Moreno, 1998), procurados para crear condiciones pedagógicas y contextuales favorables al proceso de aprendizaje del niño, apoyados en un currículo configurado por el contenido conceptual, actitudinal, procedimental y las aportaciones culturales que ofrece la escuela en una pedagogía crítica y contextualizada. La construcción conjunta del conocimiento en las comunidades de aprendizaje supone la directriz que dirige la acción educativa del currículo como realidad interactiva, entendiéndolo no sólo como un contenido escolar a desarrollar en el quehacer educativo, sino como un proceso vivo, en el cual intervienen los alumnos con características, actitudes, pensamientos y procesos de aprendizaje que hacen que se aborde de manera distinta. El currículo es visto no sólo como intención educativa concretada en actividades y contenidos sino como acción sinérgica y sistémica mediante la cual se intercambian significados. Para ello, el docente debe tener en cuenta las ideas previas de sus alumnos, lo que son capaces de hacer en un determinado momento, a fin de suscitar condiciones que movilicen los saberes de los alumnos de manera intencionadamente enfocada al logro de aprendizajes significativos.

Ambiente de aprendizaje es, pues, el resultado de conjugar los espacios físicos, los contextos y las culturas donde los estudiantes aprenden. Resaltando que la cultura es todo lo que conforma la individualidad del estudiante y que lo asimila y vive generalmente más allá del salón de clases; puntualiza la interacción entre individuos y consigo mismo. También considera las políticas educativas nacionales, en el caso de México, y las normativas escolares contextualizadas, las estructuras organizativas de gestión escolar y de gobierno y liderazgo.

Humanista

El respeto por la persona a quien se educa es fundamental para permitir el logro de sus mejores posibilidades en el ritmo y modo que mejor le convenga a su individualidad. La paciencia es importante pues sin ella el fruto de la maduración humana corre el riesgo de mal-lograrse, porque el tiempo que tarda el ser humano en descubrir su propósito en la vida y generar su proyecto de vida es mayor que el lapso invertido en las aulas. La confianza en los recursos internos de bondad del ser humano, en la dinámica interna de búsqueda de lo mejor, la pasión de ser sujeto de una vocación más que una profesión y la posibilidad de realización en el entendido de que la presencia del otro es un regalo recibido y que se vive en un mundo imperfecto pero llamado a ser la mejor versión posible de sí mismo.

Una comunidad educativa eficiente, de acuerdo con Braido (2013), se compromete, escucha, interviene, despierta interés, acoge con satisfacción nuevas propuestas de intervención, propone actividades que buscan creatividad e intencionalidad educativa con todos sus recursos disponibles. La presencia de una comunidad educativa conformada por profesionales, educadores, líderes capacitados, es garante de un eficiente ambiente de acompañamiento en el proceso de aprendizaje. Acompañamiento entendido como un conjunto de elementos que sustentan la maduración integral de los aprendientes porque les acompaña en la gestación, nacimiento, crecimiento y consolidación de un proyecto personal de vida desde un ambiente de acogida, tutoría, actividades participativas, palabra personalizada oportuna, breves exhortaciones positivas y propositivas grupales.

El ambiente educativo se gesta a partir de una actitud humanista del docente. La actitud humanista se entiende como la búsqueda de una promoción holística en el ser y el hacer. El docente motivado se convierte en *centro* de humanidad, de atención personal, servicio, relaciones amables, motivación intelectual, referencia axiológica en cualquier actividad, lugar y acontecimiento donde esté presente. El docente motivado con rasgos humanistas es aquel a quien los jóvenes le perciben como una persona que valora la relación interpersonal y la promueve porque las relaciones se basan en la amabilidad educativa y la benevolencia amorosa, una persona que busca intencionadamente en cada actividad y propuesta una posibilidad que genere y transmita cultura, transmita fe, trasmita experiencia.

La formación de la persona humana hoy requiere profesionales con vocación de educadores que internalicen el espíritu de familia y de la actitud humanista hasta convertirlo en criterio de vida y acción y ellos mismos se conviertan en lo que proponen. Esto básicamente significa un individuo amigable que busca encuentros personales y relaciones humanizadas, un docente que se convierte él o ella misma en una atmósfera de respeto y libertad para buscar las respuestas que abren la trascendencia a los otros y le dan un significado más profundo a la existencia, un docente cuyo fuerte sentido de la vida y cuyos métodos ayudan a alcanzar los objetivos personales de quienes él o ella se sienten responsables. Vivir la profesión como proyecto personal de vida imprime una identidad en el proceso de conocimiento interno y de auto-comprensión de los individuos, al mismo tiempo es una referencia esencial para cualquier situación que implique decisiones, políticas o estructuras organizacionales en cualquier entorno educativo.

El docente como el ambiente educativo no es principalmente una estructura educativa específica, sino una atmósfera y un criterio internalizado que debe caracterizar cada espacio educativo, cada propuesta y cada persona. Tal *atmósfera* se basa en las relaciones basadas en la confianza y el espíritu de familia, en la alegría y la celebración que van acompañadas de un arduo trabajo y el cumplimiento de los deberes. Un ambiente que genera todos los estímulos posibles intentando evitar situaciones de riesgo y las relaciones basadas en la benevolencia pretenden una proximidad educativa amable y rica en actividades, relaciones abiertas de amistad sincera, en busca de "extraer desde dentro" lo mejor de los demás. Este ambiente es la expresión del proceso de autoconciencia que se nutre y fundamenta de la interioridad subjetiva, generando una cultura organizacional saludable. El docente motivado garantiza un ambiente de intensa participación y relaciones interpersonales amistosas, una atmósfera de respeto y apertura, optimismo y alegría.

Los docentes motivados juegan un papel importante desde el punto de vista de la animación activa y solidaria. Su sabiduría, experiencia y presencia continua con intencionalidad, son factores fundamentales para lograr y mantener esta atmósfera que energiza y direcciona pues motiva a ser lo mejor para el mundo. Los educadores deben dar cabida a las formas más diversas de asociación de los estudiantes, para que a través de la identificación y participación en grupos de intereses compartidos -clubes- se preparen para formas más amplias de participación cívica (Rodríguez, 2018).

Formar el criterio de la mente y el corazón del docente-experto es formar a quien sabrá decidir y actuar con criterios intencionalmente educativos en los momentos en que asuma el papel de líder en medio de los otros asumiendo los sentimientos de quien es benevolente (quiere racional e intencionalmente el bien del otro) y sale al encuentro del necesitado, quien es empático con el momento histórico-personal del otro, quien es capaz proponer desde la propia vida en bien de quienes le son confiados porque es un bien mayor y, además, porque una vida sin expresiones continuas de donación, es una vida sin sentido.

Aunque puede haber muchas definiciones de un entorno familiar, los elementos básicos son el amor, la nutrición, el cuidado, el crecimiento, el respeto, la alegría y la confianza. No puede expresarse amor benevolente educativo sin familiaridad, si la cercanía al otro es evidente puede generarse confianza. Pues alguien que sabe que es valorado positivamente, es corresponsable a cambio, y quien se abre a esta interrelación puede obtener casi cualquier objetivo, pues el lenguaje y motor del corazón humano sigue siendo el amor (Rodríguez, 2018).

Según Lenti (2008), un método educativo eficaz y exitoso se apoya en una relación afectiva entre el docente y el alumno similar al que se puede encontrar en un núcleo familiar.

Cuando la amistad es una experiencia de compartir tiempo y vida en sana y armoniosa convivencia, el sentimiento natural que fluye a través de cada miembro es alegría. La alegría es también una expresión de *amor benevolente educativo*, una consecuencia lógica de las relaciones interpersonales basadas en el autoconocimiento y diálogo interpersonal. La alegría mostrada en las más variadas formas de expresión se convierte en un *diagnóstico* educativo de primer orden tanto para los educadores como para los estudiantes en cuanto a ambiente de aprendizaje (Rodríguez, 2018). Porque no solo en la espontaneidad de la vida alegre de los estudiantes, el docente tiene una fuente invaluable para comprender las personalidades sino, sobre todo, el docente tiene un espacio y una oportunidad de contactar, uno por uno, a los jóvenes sin causar lejanía o rechazo, y compartir en confianza a todos una intervención personalizada, fruto del deseo del bien mayor y que irrumpe sin protocolos en el momento personal del joven situándole frente a una propuesta enriquecedora de su persona misma. En las palabras de Juan Bosco (2007) "El maestro que se ve solo en el aula es un maestro y nada más; pero si se une a la recreación de los alumnos, se convierte en su hermano".

A modo de reflexión conclusiva

Desarrollar ambientes de aprendizaje es, pues, más que sólo pensar en clases, actividades extracurriculares, laboratorios, prácticas, etc. Desarrollar ambientes de aprendizaje es, además, algo más que sólo el uso de tecnologías asociadas a ambientes en línea. Un ambiente de aprendizaje debe considerar al docente quien, consciente e intencionadamente, entiende las características de los aprendientes, las metas educativas propuestas en el instrumento llamado *currículum*, las actividades que darán soporte a las propuestas de aprendizaje significativo, las estrategias para evaluar y guiar el aprendizaje como logro personal, la cultura que envuelve un ambiente de aprendizaje donde las personas re-crean los ambientes, las personas mismas involucradas en ello pues, a fin de cuentas

Educar para la vida no es un educar para lo que pasa fuera del aula, sino educar en la sociedad que es la misma escuela y en la microrealidad que es el aula donde se convive, aprende, crece y afecta al aprendiente en todas sus dimensiones. Un líder educativo motivado y con intencionalidad educativa y pedagógica reconoce que el fin de la educación no es solo el bien privado y el logro individual, sino también la ciudadanía democrática y la participación en la sociedad civil (Rodríguez, 2018).

Referencias

Andere, M. E. (2017). *Director de Escuela en el siglo XXI ¿Jardinero, pulpo o capitán?* México: Siglo XXI Editores.

Becerra, J. F. *et al.*, (2006). Los ambientes de aprendizaje en el aula. *Nodos y nudos.* 3 (21). 90-100.

Bosco, J. (2007). *Memoirs of the Oratory of Saint Francis de Sales from 1815 to 1855.* (Reprinted from Memorie dell'Oratorio di S. Francesco di Sales dal 1815 al 1855. (E. Ceria, Ed., & D. Lyons, Trans.) Torino, Italy: SEI.

Braido, P. (2013). *Prevention not Repression. Don Bosco s Educational System.* Bengaluru: Kristu Jyoti Publications.

Cuellar, O. (1992). *Froebel: La educación del hombre.* México: Trillas.

Dewey, J. (1995). *Democracia y Educación. Una introducción a la filosofía de la educación.* Madrid: Ediciones Morata.

Duarte, J. (2003). Ambientes de Aprendizaje. Una aproximación conceptual. *Estudios Pedagógicos,* 29, 97-113. doi: http://dx.doi.org/10.4067/s0718-07052003000100007

Eccles, J. S. y Wigfield, A. (2002). Motivational beliefs, values, and goals. *Annual Review in Psychology, (53),* 109-32.

Francis. (2013, September 22). *Lecture hall of the pontifical theological faculty of Sardinia.* Recuperado de vatican.va: http://w2.vatican.va/content/francesco/en/speeches/2013/septe mber/documents/papa-francesco_20130922_cultura-cagliari. html

García-Chato, G. I. (Abril-Junio, 2014). Ambiente de aprendizaje: Su significado en educación preescolar. *Revista de Educación y Desarrollo,* 29. Recuperado de http://www.cucs.udg.mx/revistas/edu_desarrollo/anterior es/29/029_Garcia.pdf

Giroux, H. (2011). Educational visions: What are schools for and what should we be doing in the name of education? In J. L. Kincheloe, & S. Steinberg (Eds.), *Thirteen Questions* (pp. 295-302). New York, USA: Peter Lang.

González, O. y Flores, M. (1999). *El trabajo docente: enfoques innovadores para el diseño de un curso.* México: Trillas.

Harackiewicz, J.M., Barron, K.E., Tauer, J.M., Carter, S.M. y Elliot, A.J. (2000). Short-term and long-term consequences of achievement goals: Predicting interest and performance over time. *Journal of Educational Psychology,* 92, 316–330. doi: 10.1037/0022-0663.92.2.316.

Heick, T. (2018, March 21). *The Characteristics of a Highly Effective Learning Environment.* Recuperado de https://www.teachthought.com/learning/10-characteristics-of-a-highly-effective-learning-environment/?utm_campaign=trueAnthem&utm_content =dpUU88&utm_medium=social&utm_source=facebook#! dpUU88

Herrera, M. Á. (2006) Consideraciones para el diseño didáctico de ambientes virtuales de aprendizaje: Una propuesta basada en las funciones cognitivas del aprendizaje. *Revista Iberoamericana de Educación, 38*(5), 1-19. Recuperado de http://www.rieoei.org/ deloslectores/1326Herrera.pdf

Hidi, S. y Renninger, K. (2006). The four-phase model of interest development. *Educational Psychologist*, 41, 111–127. doi: 10.1207/s15326985ep4102_4.

Jenkins, E. (2000). Constructivism in school science education: powerful model or the most dangerous intellectual tendency? *Science Education, 9*, 599-610.

Kegan, R., y Lahey, L. (2010). Adult development and organizational leadership. En N. Nohria, & R. Khurana (Eds.), *Handbook of leadership theory and practice: A Harvard Business School Centennial Colloquium* (pp. 769-787). Boston: Harvard Business Press.

Lewin, K. (2012). *Dinámica de la personalidad. Selección de artículos.* España: Ediciones Morata.

Loughlin, C. y Suina, J. (1997). *El ambiente de aprendizaje: diseño y organización.* Madrid: Ediciones Morata.

Moreno Castañeda, M., (1998). *Desarrollo de ambientes de aprendizaje a distancia.* Textos del VI Encuentro Internacional de Educación a Distancia. Guadalajara: Universidad de Guadalajara.

Martínez, M. M. (2009). Dimensiones Básicas de un Desarrollo Humano Integral. *Polis, 8* (23), 119-138. Recuperado de https://scielo.conicyt.cl/scielo.php?script=sci_arttext&pid=S0718-65682009000200006&lng=es&tlng=es.

Matthews, M. (2000). *Constructivism in science and mathematics education.* In D. Phillips (Ed.), *National Society for the Study of Education, 99th Yearbook* (pp. 161-192). Chicago, IL: University of Chicago Press.

Montessori, M. (1957). *Ideas generales sobre mi método.* Buenos Aires: Losada.

Polanco, A. (2004). El ambiente en un aula del ciclo de transición. *Revista Electrónica Actualidades Investigativas en Educación, 4*(1), 1-15

Real Academia Española. (2019). *Diccionario de la Lengua Española.* Madrid: Real Academia Española.

Reeve, J. (2017). *Motivación y emoción.* México: Mc Graw Hill.

Rodríguez, A. (2018). *Liderazgo Preventivo en la Universidad.* México: Ediciones Navarra.

Secretaría de Educación Pública. (2011). *Programa de estudio 2011. Guía para la Educadora. Educación Básica. Preescolar.* México: SEP.

Sacristán, G. (2008). *Comprender y transformar la enseñanza.* Madrid: Morata.

Alejandro Rodríguez Rodríguez

UN ESCRITO INÉDITO...CON UN TEMA POCO CONVENCIONAL.

Este último escrito es fruto de una intervención en un Congreso donde se discutían temas de Biopolítica y mi intervención fue en la línea de la educación frente a la posibilidad real de ser un dispositivo de control por parte del Estado. Considerando la lectura de Agamben en cuestiones de la "nuda vida" y sus implicaciones para el momento que se vive donde parece que al Estado no le interesa mucho la vida del individuo que queda atrapado entre la existencia legal soportada por un estado que regula los niveles de ciudadanía y visibilidad de los sujetos, con aquellos cuya pobreza les orilla a quedarse excluidos del sistema de seguridad social y servicios que el Estado supone proveer.

La (Im)posibilidad de educar hoy.

La condición paradigmática de la educación en contextos actuales.

Abstract

La educación hoy en día requiere un repensar un mapa conceptual y las implicaciones sociales de una relectura del evento educativo en el cuerpo social a partir de artefactos vinculados al poder y vinculantes a la individualidad de cada ciudadano. Situación casi imposible de lograr: educar al ciudadano en y desde el poder y el saber en una perspectiva agambeniana de la vida nuda, la posibilidad como horizonte y la benevolencia como factores teóricos de relectura del hecho educativo en contextos donde el pensamiento-comunidad-éxodo posibilitan educar hoy en el misterio del tiempo y la precariedad de la vida.

Palabras clave: Bioeducación, Artefactos, Nuda Vida, Pedagogía de la posibilidad.

Encuadre

Antes se consideraba al estudio como el trampolín que catapultaba a mejores oportunidades de triunfar en la vida pero, en cuanto a la sociedad del conocimiento, en las últimas décadas se corrobora la evolución a un capitalismo neoliberal del conocimiento que parece favorecer: los resultados más que los procesos de aprendizaje, la estandarización del conocimiento más que la personalización de las experiencias de aprendizaje, la legislación y monetarización de la enseñanza más que la inspiración y el gozo del aprendizaje, las competencias laborales más que las competencias para la vida; los incrementos de matrícula más que la cultura escolar como causa de cambio y no como efecto del cambio. Tal pareciera que la verdad falseada se inocula en la frase de "así es, así fue y así será" y cristaliza el poder simbólico diseminado en la totalidad del cuerpo social: la bioeducación.

La educación desde siempre tiene aristas políticas pues en su haber aglutina saberes, técnicas y tecnologías que, a lo largo de la historia, se han empleado para alcanzar objetivos políticos. Baste mencionar el nacimiento de las escuelas eclesiásticas, las universidades, los sistemas estatizados de formación del ciudadano liberal, la privatización de la educación como expresión de mercado. A juicio del autor, parece que un modelo de administración de libertades funciona hoy en nuestro país: la educación parece un producto de competencias para los sistemas de producción y reproducción; parece que el discurso del gobierno en turno propone un acceso a la educación en todos los niveles con tintes de control del futuro votante pensando en la cantidad de votos cautivos más que en la calidad, pertinencia o actualidad de lo aprendido haciendo de la libertad una condición funcional de un modelo de avasallamiento y desfondamiento de lo educativo.

La acción educativa que permita "extraer" -educere- la parte menos visible y menos mercantilizada de la persona, que recupere la riqueza multifacética de una vida humana, que admita que educar nunca pierde de vista el fin y los medios que se han de poner en juego para lograr el cometido. La acción educativa que exige pericia, paciencia, expertise en humanidad pues es una vida humana la que es confiada a la ardua labor de "cultivarle" hasta hacerle la mejor versión de él o ella misma, sin descuidar los contextos propios y las condicionantes culturales que le circundan, parecen hoy necesitar de una reflexión que aporte elementos para desmontar dispositivos legitimadores del poder.

El concepto dispositivo, desde la perspectiva de Agamben (2015), "nombra aquello en lo cual y a través de lo cual se realiza una actividad pura de gobierno (entiendase en sentido no estatal) sin ningún fundamento en el ser [...] siempre deben implicar un proceso de subjetivación, es decir, deben producir su sujeto" (pág. 21). Dispositivo es, literalmente, "cualquier cosa que de algún modo tenga la capacidad de capturar, orientar, determinar, interceptar, modelar, controlar y asegurar los gestos, las conductas, las opiniones y los discursos de los seres vivientes" (pág. 23).

Nos preguntamos, pues: ¿Cuáles serían algunos presupuestos considerados como dispositivos de una bioeducación cuando la totalidad de las relaciones educativas están fusionadas políticamente? ¿En qué condiciones se puede hablar de bioeducación?

Introducción

El dispositivo siempre tiene una función estratégica concreta y se inscribe en una relación de poder. Como tal, resulta del cruce de relaciones de poder y de relaciones de saber en un contexto de subjetividad (Agamben, 2015).

Presupuesto uno. Poder: Inundar los proyectos vitales haciéndoles creer la utopía personal.

El poder es la capacidad de conducir a las conductas, de hacer circular a la gente por un camino determinado, sin por ello ejercer algún tipo de violencia. El poder es una fuerza que en esencia es productiva, puede conseguir la conversión del espíritu y el encauzamiento de la conducta de los individuos (Sossa Rojas, 2012).

Un poder que tiene como objetivo gestionar la vida necesita mecanismos permanentes y reguladores. Un poder así más que desplegar prohibiciones y represiones, necesita clasificar, medir, jerarquizar y excluir, teniendo como parámetro la norma, es decir, estableciendo estrategias de normalización. El aprendizaje transformador, según Davis, implica la autorreflexión crítica de los supuestos profundamente arraigados y la validación de las propias creencias al compartir experiencias y percepciones de y con los demás, en el caso nuestro, este rasgo lo aporta la

114

propuesta lonerganiana de autoapropiación (Rodríguez, 2018a). También implica la capacidad de interpretar las experiencias pasadas desde un nuevo conjunto de expectativas sobre el futuro, dando así nuevas perspectivas de significado a esas experiencias. Para que tenga sentido, el aprendizaje requiere que se incorpore nueva información en marcos de referencia simbólicos críticos y desde pedagogías que alimenten y se alimenten de la criticidad frente a una violencia que lastima pero no destruye, parece creadora, es productiva:

Instrumento fundamental de la continuidad histórica, la educación, considerada como proceso a través del cual se realiza en el tiempo la reproducción de la arbitrariedad cultural mediante la producción del habitus, que produce prácticas conforme a la arbitrariedad cultural (o sea, transmitiendo la formación como información capaz de "informar" duraderamente a los receptores), es el equivalente, en el ámbito de la cultura, a la transmisión del capital genético en el ámbito de la biología: siendo el habitus análogo al capital genético, la inculcación que define la realización de la Acción Pedagógica es análoga a la generación en tanto que transmite una información generadora de información análoga (Bourdieu, 1977, p. 73)

El habitus es creación y es dispositivo creativo pues es la introducción de arbitrarios, de verdades, en el individuo. Esta penetración-transmisión de un sistema de arbitrarios culturales que configuran el mundo, que definen lo verdadero y lo no verdadero, es el ejercicio del poder, pues deja las relaciones de fuerza tal y como están. Para Foucault (1992) existe una economía política de la verdad, la "verdad" está centrada en la forma del discurso científico y en las instituciones que lo producen; está sometida a una constante incitación económica y es objeto bajo formas diversas de una inmensa difusión y consumo; es

115

producida y transmitida bajo el control no exclusivo pero sí dominante de algunos aparatos políticos o económicos. No hay verdad última de las cosas, sino funcionamiento de verdades ficticias (Castro Orellana, 2008).

La ola de violencia, corrupción, impunidad cada vez menos oculta a la sociedad de la imagen hacen del poder la posibilidad del lazo social, es decir, por las relaciones de fuerza y la imposición de "unos" sobre "otros", liga a los individuos con una autoridad que solo existe como tal cuando es otorgada por los dominados cuando éstos la constituyen, la aceptan, cuando éstos se atan a ella sujetándose a un mundo donde la mayor fuerza ejercida está en cualquier uso de poder de violencia simbólica (Moreno, 2006, p. 3).

La sociedad mediática y mediatizada, donde el individuo está dispuesto a sacrificar lo privado y lo personal por la fama momentánea en los medios electrónicos al aparecer con "originalidad" expuesto en las redes con el efímero minuto de fama y el número de seguidores virtuales cuyo precio es la anulación de quien no es popular ni es "famoso" en las redes, es una situación que se presenta de continuo y esconde la incapacidad de socialización adecuada pues aunque aparentemente pretende altos niveles de audiencia, en realidad es un vaciamiento del poder del ciudadano. Paradójicamente, la fuerza del poder se multiplica exponencialmente cuando su presencia está ausente.

El poder aparenta nunca estar en operación, pero siempre deja sentir sus efectos, baste recordar en el contexto mexicano le llamada reforma peñaniestista que enarbola en el ejercicio sutil del poder frente al colectivo magisterial pero que sus efectos reales golpearon con sutileza y constancia la estrucura misma de la educación en México: la parafernalia social del espectáculo del poder aparejado al discurso funcional que le necesita y al que legitima (Foucault, 1992).

Presupuesto dos. Saber: sociedad mercantilizada del conocimiento

Dicha sociedad procura a quienes más medios económicos pueden acceder a mejores fuentes y estímulos de conocimiento generando así un nuevo modo de explotación de los que menos acceso tienen porque el mercado de la educación ignora la sutil diferencia entre el cómo aprender y qué necesitan conocer (Montero & Gewerc, 2018). Tal parece que crear la verdad significa creer la mentira de un discurso que falsea las relaciones de fuerza de una "educación de calidad para todos en todos los niveles educativos" donde el poder seduce a la masa juvenil votante con el artefacto del acceso subsidiado por un estado benefactor frente a la herencia de un estado liberal. La verdad desprovista de contenido óntico es producto de las relaciones de poder, de las estrategias sociales por mantener el poder.

La mercantilización del conocimiento se percibe como discurso que va profundizando aún más la brecha entre los no favorecidos en el acceso a los espacios de generación de conocimiento y los que sí, agudizando que sepan menos, puedan menos o quieran menos frente a los que pueden, tienen o quieren más posibilidades de acceso al conocimiento brindándoles una ventaja en todos los ámbitos profesionales y sociales. La educación de calidad es un derecho universal y una obligación inalienable de los Estados pero no es posible para países en vías de desarrollo brindar a todos y en todos los contextos dicho derecho pues la globalización de nuestros días "ha sido testigo de prosperidad creciente al mismo tiempo que de desigualdad creciente" (Deaton, 2015, p. 21).

El aprendizaje que se propone en la formación de un sujeto requiere algunos rasgos de aprendizaje transformador propuesto por Davis (2006), que implica la adquisición de conocimiento que interrumpe el aprendizaje previo y estimula la remodelación reflexiva de las estructuras profundamente arraigadas de conocimiento y creencias previas, ello va más allá de la disciplina como forma de ejercicio del poder que tiene por objeto los cuerpos y por objetivo su normalización. La norma es lo que puede aplicarse tanto a un cuerpo que se quiere disciplinar cuanto a una población que se quiere regularizar. "La disciplina 'fabrica' individuos; es la técnica específica de un poder que se da a los individuos a la vez como objetos y como instrumentos de su ejercicio" (Foucault, 1998, p. 175).

En otras palabras, por medio de la disciplina se puede enseñar a los sujetos para que sean útiles y "El cuerpo sólo se convierte en fuerza útil cuando es a la vez cuerpo productivo y cuerpo sometido" (p. 32). Por tanto, la disciplina busca fiscalizar y controlar la conducta, sus comportamientos, sus aptitudes, sus preferencias, a través de diferentes formas. "A estos métodos que permiten el control minucioso de las operaciones del cuerpo, que garantizan la sujeción constante de sus fuerzas y les imponen una relación de docilidad-utilidad, es a lo que se puede llamar las disciplinas" (p. 141).

Presupuesto tres. Subjetividad: un artículo vendible

Un poder blando, un artefacto legitimado en el doble flujo de quien lo ejerce y quien lo acepta (Bauman & Bordoni, 2016) permite considerar el cuerpo ya no como un "envoltorio", sino un protagonista de las sociedades modernas, una expresión y emblema de libertad, identidad, belleza, salud, prestigio, perfección, etc. El físico pasa a ser una valiosa materia manipulable para la persona que lo encarna. Igualmente, "La 'subjetividad' del 'sujeto', o sea su carácter de tal y todo aquello que esa subjetividad le permite lograr, está abocada plenamente a la interminable tarea de ser y seguir siendo un artículo vendible. La característica más prominente de la sociedad de consumidores -por cuidadosamente que haya sido escondida o encubierta- es su capacidad de transformar a los consumidores en productos consumibles" (Bauman 2007, p. 26).

Condiciones

Cuerpos y nuda vida primera condición

La labor educativa es, pues, un reto que provoca acercarse al ser humano en su vida misma en actitud casi reverencial pues el ser humano es, en sí mismo, más misterio que problema. Heurísticamente hablando el problema "ser humano", puede ser complejo pero resoluble, metodológicamente afrontable pero con la tentación de ser reducido al positivismo científico, temporalmente narrado pero siempre el inacabado que puede ser abordado pero parcialmente resuelto. Hoy, como hace siglos, seguimos preguntado por lo humano de lo humano, por las narrativas que develen el misterio, por los métodos que aborden el problema, pero que siempre queda el velo de lo inabarcable, del quizá, de la posibilidad.

El cuerpo es un texto donde se escribe la realidad social desde lo más individual. Hoy, parece que estamos pasando de la belleza, la delgadez y la juventud como sistema normalizador imperante, al de un cuerpo que es poseído para tener relevancia, respeto o reconocimiento: se es capaz de sacrificar salud, fama, privacidad por ser relevante en las redes y la medida de dicha relevancia es el número de seguidores o de likes que pueda tenerse para reciclar y perpetuar el modelo de obediencia a los sistemas de poder. El cuerpo como construcción cultural, en esta época hay que manipularlo para venderlo. Es un objeto palpable que posee influencia y por lo tanto se lo comercializa.

Aunque el cuerpo encarna un pequeño poder, un micropoder; este micro-poder está en relación con otros micro-poderes, y esta articulación se hace palpable en diversos campos, por ejemplo: en la red social, en la economía "verde", en el movimiento "de calentamiento global", entre otros. De las relaciones de los micro-poderes, resulta la creación de normas, estipulaciones, acuerdos, que involucran al cuerpo y a la sociedad. Esto entraría en correspondencia con una nueva forma de disciplinamiento del cuerpo sugerida, enseñada y reproducida por distintos discursos y medios. Es decir, el término imagen corporal, que pertenece al terreno de lo abstracto, es una construcción simbólica que se ha vuelto valiosa e instrumental, esto a través de los cambios en la edificación del cuerpo como hecho subjetivo mediante el cual el individuo moderno se concibe a sí mismo, y que se reflejan en las transformaciones de los discursos sobre la apropiación y la importancia de la relevancia en las redes sociales (Sossa Rojas, 2012). Esto se va haciendo factible, en gran medida, por el proceso de disciplinamiento, vigilancia y normalización al que nos vemos sometidos desde que nacemos en una determinada sociedad y que poco a poco nos va constituyendo como sujetos.

Agamben (2004) plasma lo que considera como nuda vida:

Aquello que llamo nuda vida es una producción específica del poder y no un dato natural. En cuanto

120

nos movamos en el espacio y retrocedamos en el tiempo, no encontraremos jamás –ni siquiera en las condiciones más primitivas–un hombre sin lenguaje y sin cultura. Ni siquiera el niño es nuda vida; al contrario, vive en una especie de corte bizantina en la cual cada acto está ya revestido de sus formas ceremoniales. Podemos, en cambio, producir artificialmente condiciones en las cuales algo así como una nuda vida se separa de su contexto: el "musulmán" en Auschwitz, el comatoso, etcétera (pág. 18).

La idea de nuda vida, de una vida separada de todo contexto, a través del lenguaje permite que se muestra en el impulso que crece y hace crecer lo vivo en comunidades específicas actuales -millenials, centennials, etc.- que aunque sean generacionales, no por ello dejan de ser parte de un discurso político que quizá den pautas de posible recuperación de la humanidad del sujeto (Agamben, 2014, p. 15).

Misterio del tiempo y precariedad segunda condición

Analizando la realidad educativa en Latinoamérica, me parece que, en general, nos hemos quedado con la historia narrada, hemos diluido la dimensión del misterio del tiempo en la educación. Preocupados por estándares internacionales de calidad, al sujeto que se educa se le ha marcado el momento de inicio de cursos y término de ellos, se ha provisto de curriculums y planeaciones, se le ha estandarizado en las evaluaciones y las pautas de aprovechamiento, pero se le ha negado sistemáticamente su posibilidad de ser, su despliegue subjetivo de aprendizaje pues educar, en el sentido humanista del concepto "no se trata de la línea homogénea e infinita del tiempo cronológico (representable pero vacía de toda experiencia), ni del instante puntual e impensable de su fin. Por el contrario, se trata de un tiempo que crece y apremia dentro del tiempo cronológico y lo trabaja y transforma desde el interior [...] es en cambio el tiempo que nosotros mismos somos" (Agamben, 2015, p. 59-60). Misterio del tiempo entendido como riqueza, como profundidad, como novedad que se devela en la praxis que implica una transformación integral de nosotros mismos y de nuestro modo de vivir; del ser "cultivados" a ejemplo, metafóricamente hablando, del campesino que respeta, porque sabe, los ritmos de crecimiento propios y las posibilidades de éxito por el logro obtenido, no sólo por la cantidad de producción (Gadamer, 2004).

Misterio del tiempo que, aunado a la experiencia de amistad, requiere abordar la educación como la fuerza vital que se recupera en la precariedad de lo penúltimo porque lo último se realiza en lo penúltimo sin contraposiciones, es el ya de la realidad subjetiva actuante pero el todavía no de la potencialidad y posibilidad de la persona. Es la dinámica más allá del tiempo cronológico, es la aproximación a la vida humana emancipada de las estructuras sociales de orden y etiqueta social, es la experiencia de quien se decide, o lo arrojan, a vivir su vida subjetiva en la radical realidad de su mismidad: es lo que su cuerpo biológico le dice lo que es, es lo que es a partir de su percepción de sí y del mundo introyectado, es y decide ser lo que su conciencia le dice. Y es este el punto donde, a mi entender, se juega todo el evento educativo.

Tiempo-precariedad conforman el presupuesto de lo irrepetible de cada acción intencionadamente educativa. Cada evento educativo es único cuando se logra la reducción a la nuda vida de quienes están en interrelación intencionadamente educativa. No basta salvar el discurso que normativiza modos de ser políticamente regulados, quizá a través de un lenguaje de inoperancia que pueda rebasar esa limitante de una educación con adjetivos que son más alineación de la vida que garantes de la misma -calidad, escuela al centro, docente como gestor, alumno como punto focal-.

Me parece que un primer elemento en ese lenguaje de inoperancia es lo que Aristóteles, en De philosophia, propone al distinguir aquello que es propio de la enseñanza, esto es: se genera en los hombres a través de la escucha; el misterio se experimenta cuando el intelecto mismo sufre una iluminación, una impresión, pero no una enseñanza (fr. 15) (Agamben, 2016, p. 22). Cuando los proyectos vitales de los sujetos son inundados de la permanente racionalidad con la presencia de discursos que olvidan la parte contemplativa del aprender, cuando no valorizan la inoperancia de una enseñanza que requiere procesos internos de apropiación, es cuando los discursos legitiman la asimilación de la calidad educativa considerada como procesos, procedimientos, evaluaciones, como utopía personal y el proyecto de hombre-empresa se arraiga en la naturaleza del individuo competente laboralmente. El círculo es cerrado y repetible: educo para la calidad, evalúo estándares de calidad, promuevo a quien es competente, laboralmente se mantiene el competente en labores taylorianas cuyo fin es evitar el control sobre tiempos de producción: enajenación del sujeto, uso político de la vida buena, negación de la nuda vida.

Horizontalizada la experiencia educativa, hoy sólo podemos acceder al tiempo cronológico de la fuerza vital siendo "educada", según Agamben, a través de una historia lineal y homogénea del tiempo cronológico -grados, niveles educativos marcados como reglamentarios para aprender, deber del Estado de garantizar el acceso a estos niveles- donde el misterio del tiempo que ubica la legalidad y la legitimidad del derecho del individuo se ha extinguido (Agamben, 2016, p. 13).

El exceso de legalidad anula los elementos de legitimidad en el acto educativo, lo horizontaliza, lo deja vacío de contenido significativo aunque cabal en la forma pedida (discurso de calidad, discurso de inclusión, discurso de profesionales en el aula). No es el sujeto quien es el centro, es la invención de un hecho educativo aséptico avalado como verdadero, no hay historicidad, no hay persona concreta. Cuando la vida se muestra como ajena porque es objetivada, hablamos de la extinción del misterio del tiempo en el hecho educativo y en su inexorable curso, la existencia, que parecía al inicio tan disponible, tan rica en posibilidades pierde poco a poco su misterio que sólo puede ser relatado, se ha consumido íntegramente en una historia, se encierra por siempre en una imagen: la del líder que focaliza todo, la del maestro luchando por sus derechos en medio de la calle, la del alumno de zonas marginadas que en video narra que no quiere estudiar, no entiende la utilidad del mismo y pierde "su tiempo" en un empeño ya frustrado antes de afrontarlo, la del edificio desmantelado o inoperante porque los recursos económicos los ha engullido el político rapaz, la del sindicato y sus líderes mostrados en los medios como la causa diabólica de los fracasos del poder político por educar con calidad a sus ciudadanos (Agamben, 2016, p. 17).

La bieducación requiere de un constructivismo deconstructivo, si es posible hablar de ello, como dispositivo que se apoya en el lenguaje. Baste recordar la brecha entre los discursos de campaña con las realidades cumplidas por líderes que se presentan como encarnación del Gólem y que muestran prontamente su consistencia de barro en las acciones de protección de quienes deciden proteger.

Siguiendo a Agamben (2016), vivimos la realidad de lo precario de todo hecho educativo formal. Es decir: 1). «Precario» porque se obtiene a través de una plegaria (praex, una petición verbal, diferente de quaestio, petición que se hace con todos los medios posibles, aun violentos), y por ello es frágil y aventurado. Precario si quiere mantenerse en una relación justa el misterio de la totalidad del ser humano (p. 15); 2) Hecho que es un posicionamiento identitario más que una realidad óntica (baste ver los perfiles de los últimos secretarios de educación de nuestro país, las reformas educativas, los Planes Nacionales de Desarrollo, etc.); 3). Hecho educativo como expresión vital. Es la dimensión política que pretende la acción intencionadamente ejercida donde se buscan cuotas de humanidad que favorezcan la fuerza vital, lo cual es la condición paradigmática de la educación (posible y útil, necesaria e irrenunciable).

Amistad benevolente, primer elemento de esta condición paradigmática

Apoyado en la lectura que de Aristóteles hace Agamben (2015), en su texto ¿Qué es un dispositivo?, hablar de amistad como condición paradigmática de la educación supone que: a) hay una sensación del ser puro que es en sí misma agradable; b) hay una equivalencia entre ser y vivir, entre sentirse existir y sentirse vivir; c) A esta sensación de existir es inherente otra sensación que tiene la forma de un con-sentir la existencia del amigo. Esto significa que la amistad tiene un rango ontológico y, a la vez, político; e) Por ello el amigo es otro sí mismo, un héteros autós. El amigo no es otro yo, sino una alteridad inmanente en la

125

mismidad, un devenir otro de lo mismo. En el punto en el que el yo percibe su existencia como agradable, su sensación está atravesada por un con-sentir que la disloca y deporta hacia el amigo, hacia el otro mismo. La amistad es esta desobjetivación en el corazón mismo de la sensación más íntima de sí.

Las implicaciones educativas de la amistad, me parece, pueden ser delineadas: amistad que se manifiesta como benevolencia cercana, recíproca; apoyo en los momentos decisivos de la vida; instrumento a través del cual el hecho educativo se traduce en operatividad que exprese el bien que se procura y el bien que se desea, es decir: acción oportuna y apreciación sincera, encuentro personal honesto y transparente, confianza mutua que facilita comprensión y convivencia, optimismo y alegría (Rodríguez, 2018). La amistad como elemento de condición paradigmática es útil pues la comunidad humana se define en lo esencial a través de una convivencia que no está definida por la participación en una sustancia común, sino por un compartir puramente existencial y sin objetivación. Los amigos no comparten algo (un nacimiento, una ley, un lugar, un gusto): ellos mismos son los que están compartidos por la experiencia de la amistad. Amistad es lo que precede a toda partición y lo que constituye la política del vivir mejor es esta partición sin objeto, este con-sentir original (Agamben, 2015, p. 46-51).

Aquí recurrimos al análisis de amistad que plantea Aristóteles, siguiendo a Agamben (2016), ¿Qué es la amistad sino una proximidad tal que no es posible hacerse de ella una representación ni un concepto? Reconocer a alguien como un amigo significa no poder reconocerlo como «algo». La amistad es necesaria en la intencionalidad del hecho educativo e irrenunciable en el proyecto de vida mejor como fin social de la educación formal. La amistad permite percibir la experiencia vital de confianza mutua, y como resultado, se destaca el nivel de conciencia que pide la validez de vivir y trabajar juntos en proyectos compartidos, que es una introducción efectiva a una socialización humanizadora (Rodríguez, 2018).

Pedagogía de la posibilidad segundo elemento de esta condición paradigmática.

Aprendizaje como forma de vida, "un modo de vida que, en cuanto se adhiere estrechamente a una forma o modelo del que no puede separarse, se constituye posibilidad palpable" (Agamben, 2014, p. 137). Con el término forma-de-vida se entiende una vida que no puede separarse nunca de su forma, es una vida que, en su modo de vivir, se juega el vivir mismo y a la que, en su vivir, le va sobre todo su modo de vivir. Agamben se refiere al hombre que viene en términos de una "singularidad pura", de un cual sea que "no tiene identidad, ni está determinada respecto de un concepto, pero no es simplemente indeterminada", sino que es determinada sólo a través de su relación con la idea de "la totalidad de sus posibilidades" (Agamben, 1996, p. 43).

¿Qué significa esta expresión? La vida humana, donde modos, actos y procesos singulares del vivir no son nunca simplemente hechos, sino siempre y sobre todo posibilidad de vivir en cierta forma, siempre y sobre todo potencia. Los comportamientos y las formas del vivir humano no son prescritos en ningún caso por una vocación biológica específica ni impuestos por una u otra necesidad; sino que, aunque sean habituales, repetidos y socialmente obligatorios, conservan en todo momento el carácter de una posibilidad, es decir ponen siempre en juego el vivir mismo (Agamben, 2010, p. 13-14). Esta

127

pedagogía es de posibilidad puesto que intenta no ser monocromática en sus experiencias de aprendizaje propuestas: el cuerpo, la relación, la vida, los espacios, los tiempos, los modos son ambientes ricos en experiencias educativas significativas. Se educa desde y para la vida. Es pedagogía de la posibilidad cuando las estructuras organizativas son soporte, pero no freno para educar al ciudadano y al ser humano en su integralidad. Cuando los espacios y esquemas organizativos se vuelven humus común para la planificación intencionada que vincula mentes, corazones, voluntades, creatividad, inquietudes o sueños evitando la parcelación, comercialización o manipulación del hecho educativo devengado por una autoridad ajena, un docente anquilosado, una legislación educativa, una praxis en el aula que merma el potencial del individuo limitándole, domesticándole.

Es pedagogía de la posibilidad cuando se considera la complejidad que en su seno tiene la vida y toda la riqueza de posibles respuestas a situaciones existenciales diversas y, en actividades pensadas en su conjunto, se pretende acompañar desde y en la comunidad desobrada. La amistad es posibilidad de encuentro, de diálogo, de enriquecimiento mutuo que permite superar "las tecnologías del yo mediante las que se efectúa el proceso de subjetivación que lleva al individuo a vincularse a la propia identidad y a la propia conciencia y, al mismo tiempo, a un poder de control exterior" (Agamben, 1998, p. 14), pues la amistad es desobjetivación en el corazón mismo de la sensación más íntima de sí.

Derrida (2004) escribió sobre el liderazgo en instituciones educativas en sus últimos ensayos publicados como Eyes of the University. Para el filósofo argelino los docentes son los ojos de la escuela, que se dedican a pensar y enseñar a las jóvenes generaciones, y que asumen la responsabilidad principal de su liderazgo. Derrida planteó una serie de preguntas: "¿Qué representamos? ¿A quién representamos? ¿Somos responsables? ¿Para qué y para quién? "(p. 83). Parece que es un intento por desenmascarar el discurso legitimador del poder presentado como la autoridad del estado a determinar los qué y para qué de la educación del ciudadano. Es posible inferir que la conciencia que se tiene de sí mismo y de las instituciones, acerca del ambiente escolar, acerca de los valores que sostienen las relaciones, acerca de los modos de acción y de los objetivos que se perseguirán organizacionalmente, todo ello en su conjunto influyen directamente en el resultado final que se intente tanto en lo ideológico como en lo institucional de la comunidad educativa.

Contexto…tercer elemento de esta condición paradigmática.

Agamben (2010) argumenta que "el poder no tiene hoy otra forma de legitimación que la situación de peligro grave a la que apela en todas partes de forma permanente y que al mismo tiempo se esfuerza en producir secretamente […] porque la nuda vida, que constituía el fundamento oculto de la soberanía, se ha convertido en todas partes en la forma de vida dominante" (p. 15-16).

Un mundo volátil, incierto, complejo y ambiguo, confronta a cada individuo con situaciones de precariedad en todas las áreas de su persona, en todos los niveles educativos y en las más variadas circunstancias como lo plantea Rodríguez (2018). Agamben (2010) considera como "la paradójica condición de extraterritorialidad recíproca (o, mejor dicho, de aterritorialidad) que lo anterior implicaría podría generalizarse y ser elevada a modelo de nuevas relaciones internacionales" (p. 29). Actualmente, la sospecha es evidente en partidos políticos, asociaciones religiosas, organismos gubernamentales, instancias financieras, empresas o grupos establecidos. La sensación, y en no pocas ocasiones la evidencia, de que miembros de estas instituciones promueven sus beneficios olvidando al ciudadano a quien deberían servir, haciendo caso omiso de las legítimas aspiraciones de quienes son hoy considerados los sin tierra, los sin voz, los sin representación, las grandes masas de quienes se saben y se sienten sin aspiraciones, sin trabajo, sin credo ni esperanza ni deseos de ser parte de lo establecido, la nuda vida en su expresión actual, los homo sacer en la dinámica social cotidiana, en el sentido que tiene este término en el derecho romano arcaico: consagrado a la muerte (Agamben, 2010, p. 27).

Existe poca seguridad para permanecer en el trabajo, a muchas personas cualificadas la dinámica de mercado laboral les enseña que pueden ser reemplazados en cualquier momento y por motivos de ganancia para la empresa, son los actuales homo sacer que su sacralidad reside en su reemplazabilidad diariamente celebrada como liturgia de un ciclo de contratación-permanencia-precariedad-renuncia o despido.

Un individuo que vive y se desenvuelve en la incertidumbre ante la fragilidad en tiempo y forma de modos de interactuar con otros, de tipos y niveles de relaciones en todos los ámbitos y espacios tanto privados como públicos (Bauman & Donskis, 2015, p. 15). La solidez de lo institucional ya no se presenta como tal. Las verdades que guiaban las decisiones y modos de convivir, ahora se presentan como certezas de lo fragmentado y vulnerable. Ello hace de nuestro entorno una realidad incierta y todo lo que consigo afecta una vivencia de este tipo: ansiedad, descontento, fragmentación, desesperanza. Las estrategias del poder legal hoy planteadas como soluciones parecen ser emocionales, es decir, con alto contenido de intensidad pero con una duración breve en tiempo y consistencia (Stein, 2013).

Una realidad compleja donde la singularidad (irrepetible, única, no paradigmática, no abstracta, siempre diversa, finita, vulnerable) es moldeada por la globalización y sus fuerzas del mercado, pero él o ella no pueden responder de modo viable y suficiente a los retos sociales y políticos que son parte de sus vidas porque hay imposición extrínseca fruto del poder que aspira a legitimarse en todas las esferas de la vida (Bauman & Donskis, 2015). Una sociedad compleja que engulle la fuerza vital pues el individuo en su individualidad rechaza la diversidad posible, porque si todos los caminos son igualmente ciertos, lo que resulta es la perplejidad, no el compromiso de tomar uno de ellos paralizando cualquier decisión a largo plazo, cualquier compromiso, cualquier acción emancipatoria comunitaria, la sombra del campo de concentración, o sea, el horizonte de los grandes corporativos -privados y estatales- donde se vive la anulación del individuo en la complejidad de intereses de la organización en cuestión -sindicato, partido político, ONG, tercer sector, cuarto poder, quinto poder, etc-.

Los movimientos virtuales son más reales y aglutinantes de esperanzas de cambio hay más que hace una década, aunque son individualizantes en su persistencia. Actualmente los cibernautas son actores políticos quienes, en el número de sus seguidores, son influencers y los likes miden la fuerza de los movimientos que encabezan, ya sea de protesta, de consumo o de tendencias en la moda.

Una metáfora frente al presente inmediato es que la humanidad no se encuentra "frente a un tema de más y mejores aplicaciones (innovaciones pedagógicas), ni siquiera ante la necesidad de nuevas adaptaciones y puestas al día (e-learning, TIC). Es una cuestión de un nuevo sistema operativo. Un nuevo paradigma de interpretación y, por ende, de educación" (Innovación educativa, 2018).

Pensamiento-comunidad-éxodo es el cuarto elemento de esta condición paradigmática.

Llamamos pensamiento al nexo que constituye las formas vida en un contexto inseparable, en forma-de-vida. No nos referimos con esto al ejercicio de un órgano o de una facultad psíquica, sino a una experiencia, un experimentum que tiene por objeto el carácter de posibilidad de la vida y de la inteligencia humanas. Pensar no significa sólo ser afectados por esta o aquella cosa, por este o aquel contenido de pensamiento en acto, sino ser a la vez afectados por la propia receptividad, hacer la experiencia, en cada pensamiento, de una pura potencia de pensar. El discurso en turno, a mi entender, olvida que educar tiene un rasgo esencial de padecimiento (paschein «destrucción en obra de un principio contrario»; habitus «la conservación de lo que está en potencia por parte de lo que está en acto y es semejante a aquél») (Aristóteles, De anima 417b, 2-7). El acto educativo es padecer en ambos sentidos: sufrir en sí mismo la acción de una deconstrucción de lo aprendido y, a la vez, pretender conservar lo que está en potencia de devenir en acto. Pareciera que solo es lograr calidad al coste social que sea, pensando que la educación es un producto de mercado más que un hecho subjetivo y entre personas, desfondando de este doble movimiento de padecimiento y generación de hábitos.

La experiencia del pensamiento de que aquí se trata es siempre experiencia de una potencia común. Comunidad desobrada y potencia se identifican sin fisuras, porque el que a cada potencia sea inherente un principio comunitario es función del carácter necesariamente potencial de toda comunidad pues una comunidad desobrada no requiere la realización de un proyecto común ni la consecución de un fin ideal sino el permanente intercambio creativo, sólo posible a través de la comunicación y el amor.

Entre seres que fueran ya siempre en acto, que fueran ya siempre esta o aquella cosa, esta o aquella identidad y en ellas hubieran agotado enteramente su potencia, no podría haber comunidad desobrada alguna, sino sólo coincidencias y divisiones factuales. Sólo podemos comunicar con otros a través de lo que en nosotros, como en los demás, ha permanecido en potencia, y "toda comunicación es sobre todo comunicación no de un común sino de una comunicabilidad. Por otra parte, si no hubiera más que un único ser, sería absolutamente impotente; y donde yo puedo, allí siempre hay muchos" (Agamben, 2010, p. 18-19).

Cualquier decisión se entrelaza con muchas consecuencias que hacen que la vida sea algo que no es fácil de vivir. Hoy la judicialización del hecho educativo hace que la experiencia de aprendizaje se vea como un tenso actuar entre dos partes que evitan lastimarse y cuidan involucrarse en acciones que pueden ser causales jurídicas para acciones de demanda o contrademanda, la realidad del campo de concentración se materializa en el aula: el que exige el derecho por ser reconocido como usuario con dignidad y el de quien ostenta una ley que dice protegerle pero le hace vulnerable hasta el grado de depender de actas circunstanciadas para validar lo que antes era su sola presencia, voz y compromiso. La espontaneidad del aprendizaje se mide por el beneficio recibido a un servicio pagado. La vocación a formar, y formarse, hoy es una profesión que parece preocuparse más por legislaciones que por personas por ganancia más que por ética, por banalidades de los medios más que por mejoramientos de la vida como vida política. Ciudadanos y no ciudadanos estarían en situación de éxodo o de refugio (por supuesto también en la inmovilidad) del ciudadano.

La gobernanza se vuelve el modo de administrar la realidad social y ello permea la vida del individuo: pareciera que la condición personal se diluye ante la imposibilidad de asumirse como responsable de alguien o de algo en la esfera de lo social.

Conclusiones parciales.

Es apropiado promover el diálogo desde una perspectiva que aborde la fragmentación de la vida, de la atención y del tiempo personales. Pero también es cierto que la amistad como posibilidad de aprendizaje mutuo en contextos determinados es la condición paradigmática de toda educación que hoy pretenda recuperar la fuerza vital desde la nuda vida, más aun si, según Agamben (2015), vivimos en el singular momento de ser "el cuerpo social más dócil y cobarde que se haya dado jamás en la historia de la humanidad" (p. 32). La reflexión precedente ha pretendido poner frente a límites con los que no nos hemos confrontado verdaderamente en el ámbito educativo, porque nos hace ver que se trata de límites que no podemos evadir por más tiempo. Se ha pretendido que constituya una caja de herramientas importante a la hora de hacer inteligibles ideas, acciones y simbolismos que permiten una coherencia explicativa y descriptiva de la abrumadora evidencia de las relaciones sociales.

El educador puede ser líder de la comunidad desobrada pues el aula no es un espacio aislado de la realidad o una experiencia alternativa a la sociedad en la que se vive inmerso, el aula es expresión de la sociedad en un contexto privilegiado de intervención. Philip y García (2013) plantean que lo importante es el contexto y no las herramientas utilizadas cuando se trata de tomar decisiones en ambientes de aprendizaje pues un smartphone o una plataforma digital no es relevante a un mundo que es el cotidiano en los estudiantes. Es el poder de incidir en el discurso de ambientes significativos atrapando el interés del estudiante, usando estrategias pedagógicas relevantes, valorando la singularidad, empleando la creatividad para facilitar la pertinencia y vinculación del conocimiento con el cuerpo, la nuda vida, los dispositivos y los ambientes de aprendizaje, sin confundir las latentes relaciones de fuerza como sistemas sutiles y necesarios para la imposición de una arbitrariedad cultural o el encubrimiento de los mismos instrumentos empleados para legitimar la intervención en los sujetos por intereses del estado.

Aronowitz y Giroux (1985) identificaron la urgencia de que en el ámbito educativo formal, el educador sea una persona sensible a los contextos "para alentar la justicia social" y para practicar un "liderazgo que pueda trascender [a una] educación democrática en beneficio de todos los estudiantes y el personal" (p. 5). Pues se pretende recuperar su subjetividad que ha sido invadida con imposiciones desde el sistema de producción: multinacionales, publicidad, moda, por nombrar algunos. En esta lógica, las necesidades pasan de ser vitales a impuestas. El individuo transita de tener la necesidad de comer, a requerir determinados productos light, diet, etc. El poder opera aquí, ya no sólo para crear, vigilar, y normalizar una masa de trabajadores, sino para introducir y disciplinar consumidores.

King y Biro (2000) piden que el aprendizaje transformativo comience con un dilema desorientador y que "progrese a través de un camino dinámico de etapas ... [a una]

reintegración final de un nuevo marco de referencia" (p. 19). Los elementos comunes en estos enfoques incluyen la necesidad de un mejoramiento social y una remodelación completa de las estructuras-elementos de todo conocimiento y toda creencia, un contrapoder efectivo y simbólico, internalizado en el sujeto crítico y expuesto en lo social.

Referencias

Agamben, G. (1996). La comunidad que viene. Valencia: Pre-Textos.

Agamben, G. (1998). Homo Sacer. El poder Soberano y la nuda vida I. Valencia: Pre-Textos.

Agamben, G. (2004). Estado de excepción - Homo sacer, II, I. Buenos Aires: Adriana Hidalgo editora.

Agamben, G. (2010). Medios sin Fin. Notas sobre política. Valencia: Pre-Textos.

Agamben, G. (2014). Altísima Pobreza. Reglas monásticas y formas de vida (Homo sacer IV, 1). Valencia, España: Pre-Textos.

Agamben, G. (2015). ¿Qué es un dispositivo? seguido de El amigo y de La Iglesia y el Reino. Barcelona: Anagrama.

Agamben, G. (2016). El Fuego y el Relato. Madrid, España: Sexto Piso.

Aronowitz, S., y Giroux, H. (1985). Education under siege: The conservative, liberal, and

radical debate over schooling. South Hadley, MA: Bergin & Garvey.

Bauman, Z. (2007). Ética Posmoderna. Mexico: Siglo XXI.

Bauman, Z., y Bordoni, C. (2016). Estado de Crisis. México: Paidós.

Bauman, Z., & Donskis, L. (2015). Ceguera Moral. La pérdida de sensibilidad en la modernidad líquida. Barcelona, España: Paidós.

Bourdieu, P. (1977). La reproducción. Elementos para una teoría del sistema de enseñanza. Barcelona : Laila.

Castro Orellana, R. (2008). Foucault y el cuidado de la libertad. Ética para un rostro de arena. Santiago de Chile: Editorial LOM.

Davis, S. H. (2006). Influencing transformative learning for leaders. School Administrator, 63(8).

Deaton, A. (2015). El Gran Escape. Salud, riqueza y los orígenes de la desigualdad . Mexico: FCE.

Derrida, J. (2004). Eyes of the university. Stanford, CA: Stanford University Press.

Foucault, M. (1992). Microfísica del poder. Madrid: La Piqueta.

Foucault, M. (1992). Mocrofísica del Poder. Madrid: La Piqueta.

Foucault, M. (1998). Vigilar y castigar. Nacimiento de la prisión. México: Siglo XXI.

Gadamer, H. (2004). Truth and Method (2nd Edition ed.). (J. Weinsheimer, & D. G. Marshall, Trans.) New York: Continuum.

Harari, Y. N. (12 de Agosto de 2018). WIRED. Recuperado el Febrero de 2019, de Yuval Noah Harari on what the year 2050 has in store for humankind: https://www.wired.co.uk/article/yuval-noah-harari-extract-21-lessons-for-the-21st-century

Innovación educativa. (5 de Octubre de 2018). Reimagine Education Lab. Recuperado el Febrero de 2019, de Estamos cambiando de fase...es hora de enfocar la transformación profunda de la educación: https://xavieraragay.com/innovacion_educativa/estamos -cambiando-de-fase-es-hora-de-enfocar-la-trasformacion- profunda-de-la-educacion

King, K. P., y Biro, S. (2000). A transformative learning perspective of continuing sexual identity development in the workplace. New Directions for Adult and Continuing Education, 112, 17-27.

McLuhan, M. (1964). The Gutenberg Galaxy: The Making of Typographic Man. Toronto: University of Toronto Press.

Montero, L., & Gewerc, A. (2018). La profesión docente en la sociedad del conocimiento. Una mirada a través de la revisión de investigaciones de los últimos 10 años. Revista de Educación a Distancia, 56(3), 1-22.

Moreno, H. (2006). Bourdieu, Foucault y el poder. Iberoforum. Revista de Ciencias Sociales de la Universidad Iberoamericana, 1(2), 1-14.

Philip, T.M., & Garcia, A.D. (2013). The Importance of Still Teaching the iGeneration: New Technologies and the Centrality of Pedagogy. Harvard Educational Review, 83(2), p. 309

Rodríguez, A. (2018a). La autoapropiación y sus implicaciones educativas. A los sesenta años del Insight de Bernard Lonergan. México: Ediciones Navarra-Universidad Salesiana.

Rodríguez, A. (2018). Liderazgo Preventivo en la Universidad. México: Ediciones Navarra.

Sossa Rojas, A. (15 de abril de 2012). Análisis desde Michel Foucault referentes al cuerpo, la belleza física y el consumo. Recuperado el junio de 2019, de Polis Revista Latinoamericana: http://journals.openedition.org/polis/1417

Alejandro Rodríguez Rodríguez

Stein, J. (2013). The New Greatest Generation. Why Millennials Will Save Us All. Time, 181(19), 26-34.

CONCLUSIONES ABIERTAS

Educador y educando son factores clave en la experiencia de aprendizaje. Ambos son elemento esencial en el universo educativo. Pues ambos son, metafóricamente hablando, una estrella binaria: dos cuerpos con masa similar orbitan alrededor de un centro de masa en órbitas elípticas. Ante la ausencia, o pérdida de uno de ellos, en la relación o en su individualidad misma, se destruye la experiencia educativa misma, ambos deben fluctuar en el rol de cada uno, vinculados pero no asimilados.

Un arte educativo que toca las fibras más sensibles de todo educando: el corazón. Corazón entendido como el centro de la toma de decisiones, como el lugar donde los afectos se hacen presentes con nitidez, como el punto de encuentro donde la voluntad y la razón convergen, como el horizonte en el que el amor educativo roza y se entrelaza con la razón y la apertura a la trascendencia.

Un arte que requiere pericia y experiencia para descubrir lo mejor en cada persona, y que pide paciencia y esperanza para acompañar hasta ver fructificar la semilla de bondad presente en todo ser humano.

Sabemos que de poco sirve elevar metas de aprendizaje si no se mejora su pedagogía, sus fines y sus procesos. Estoy convencido que debemos considerar lo significativo de las respuestas a quién educamos, cómo es su aprendizaje, qué aprenden, dónde lo aprenden, es pertinente lo que aprenden, pues se educa intencionalmente para ser mejores seres humanos, se educa a las personas para que respondan a sus proyectos de vida, se educa para impactar el entorno en la búsqueda del bien común, se educa para el cuidado de sí, del otro y de la casa común.

Alejandro Rodríguez Rodríguez

CRÉDITOS

Educar en tiempo de Virus
Publicado originalmente en *Edurama,*. 9 el 16 de abril de 2020, 28-30.

Educación en tiempos de Pandemia
Publicado originalmente en el *Diario Reforma*. Domingo 10 de mayo de 2020
en el Suplemento Revista R en la página 17

Cuatro pes para afrontar los retos educativos de la nueva normalidad
Publicado originalmente en *Revista Nexos* el 10 de junio de 2020. Blog de educación

Re-Pensar la propuesta educativa, para llegar al corazón de los estudiantes
Publicado originalmente en Ministerio de Educación del Gobierno de Guatemala. Blog educativo el 29 de mayo de 2020

Algunas ideas para llegar al corazón desde la educación. Parte I
Publicado originalmente en Ministerio de Educación del Gobierno de Guatemala. Blog educativo el 8 de junio de 2020

Algunas ideas para llegar al corazón desde la educación. Parte II
Publicado originalmente en Ministerio de Educación del Gobierno de Guatemala. Blog educativo el 1° de julio de 2020

Ideas creativas, complejas y provocadoras para la educación a partir de la COVID-19
Publicado originalmente en *Novedades Educativas*, 32 (355), 65-69

Tres estrategias Docentes para tiempos de pandemia y más allá
Publicado originalmente en *Revista Javeriana* 865, Tomo 156, Año 87

El profesor universitario motivado: la condición para ambientes de Aprendizaje.
Publicado originalmente en Revista *Vitam*, Revista de investigación en humanidades
No. 3 de Octubre-Diciembre de 2019.

INDICE

Alejandro Rodríguez Rodríguez

www.ingramcontent.com/pod-product-compliance
Lightning Source LLC
Chambersburg PA
CBHW051730040426

42447CB00008B/1055